Fernando Vizcaíno Casas ya había publicado anteriormente dos libros en esta colección de Anécdotas que con tanto éxito viene editando Planeta. Fue el primero *Historias puñeteras*, divertida colección de verídicos y jocosos sucedidos en el mundo de la justicia. El segundo, *Celuloide casi virgen*, recogía un sorprendente anecdotario de las gentes del cine español. Ahora, con *Humor con humor se paga* son los mejores humoristas de este siglo los que nos deleitan con sus ocurrencias, sus ironías y su siempre oportuno sentido del humor. Vizcaíno Casas ha seleccionado a un grupo de escritores inolvidables para recordar su genio constante: Gómez de la Serna, Tono, Miguel Mihura, Edgar Neville, Jardiel Poncela, Agustín de Foxá y otros muchos que confirman en las páginas que siguen su gracia sutil y su capacidad para provocar la sonrisa. Aunque, como decía Fernández Flórez, el humor sea muchas veces «la sonrisa de la desilusión».

Las anécdotas del humor

Colección Anécdotas

Fernando Vizcaíno Casas

Las **anécdotas** del humor

Humor con humor se paga

Dibujos de Antonio Mingote

PLANETA

Córcega, 273-279, 08008 Barcelona (España)
Diseño de la colección: Enric Jardí
Ilustración de la cubierta: © 1999 PhotoDisc, Inc.
Primera edición: mayo de 1999
Depósito Legal: B. 17.873-1999
ISBN 84-08-03043-4
Composición: Fort, S. A.
Impresión: Hurope, S. L.
Encuadernación: Art Book, S. L.
Printed in Spain - Impreso en España

ÍNDICE

A la memoria de Luis Sánchez Polack Tip,
que con su admirable humor nos hizo tan felices.

Dios se lo habrá recompensado.

I

EL SENTIDO DEL HUMOR

Comencemos por el principio. ¿Qué es el humor? O más concretamente, ¿en qué consiste eso que se llama *sentido del humor*? No, desde luego, en saber contar chistes verdes o de leperos o políticos, aunque se haga con muchísimo salero. Desde ahora mismo debemos establecer una tajante diferencia entre el humorista y el gracioso. Que es tanto como distinguir entre la risotada y la sonrisa; entre lo burdo y lo delicado.

Difícil cuestión la de definir el humor. Enrique Jardiel Poncela, uno de los más eximios humoristas de nuestro siglo, como pronto comprobaremos, dijo que pretender semejante definición era tanto como querer pinchar una mariposa con un poste de telégrafos. Y sin embargo, muchos intentaron describir el humor con una frase. Para mi gusto, quien más acertó en la búsqueda fue Wenceslao Fernández Flórez, otro de los talentos del género. Para el escritor gallego, el humor es *la sonrisa de una desilusión.*

Como hasta las personas más sesudas han metido baza en el asunto, Erasmo de Rotterdam afirmó que *nada hay más divertido que hablar en broma de aquello que nadie sospecharía que fuese divertido*. Buena aproximación a la ironía, uno de los pilares sobre los que se sustenta el humor. Nuestra Real Academia la define como *burla fina y disimulada, figura retórica que consiste en dar a entender lo contrario de lo que se dice.*

Miguel Mihura escribió que el humor es *un capricho, un lujo, una pluma de perdiz que se pone en la cinta del sombrero*. Y precisaba que el verdadero humor no se propone enseñar o corregir, porque no es ésa su misión. Lo único que pretende es que, por un instante, nos salgamos de nosotros mismos, nos marchemos de puntillas unos veinte metros y demos una vuelta a nuestro alrededor, contemplándonos por un lado y por otro, por detrás y por delante, como ante los tres espejos de la sastrería y descubramos nuevos rasgos y perfiles que no conocíamos. El humor, siguió diciendo, es verle la trampa a todo, comprender que todo tiene un revés. Es el juego más inofensivo; como un sueño inverosímil que, por fin, se ha realizado.

Gonzalo Torrente Ballester, que hace tan poco nos ha abandonado, dejando su recuerdo en una espléndida obra literaria, entendía que el humor supone *recobrar por la inteligencia lo que el sentimiento destruye y reconstruir por el lirismo lo que desbarata la razón*. Y Benjamín Jarnés precisó las que, para él, constituyen las cuatro características fundamentales del sentido del humor: *gracia, verdad, bondad y poesía*. Lo que nos permite comprender por qué hay tan pocos políticos con sentido del humor.

Hasta los tribunales de Justicia han echado su cuarto a espadas acerca del humor. Y eso que nuestra jurisprudencia no se distingue por utilizarlo con frecuencia.[1] Sin embargo, la Sala 1.ª del Tribunal Supremo, en sentencia de 17 de mayo de 1990, osaba meterse en honduras para manifestar en su Fundamento de Derecho único que el humor hay que entenderlo como *facultad de descubrir y manifestar lo cómico y lo ridículo.* Ya embalado en el tema, el magistrado ponente señor Latour Brotons incluso hacía historia: el humor en la literatura, explicaba, fue abriéndose paso primeramente en Francia, en el siglo XVII y posteriormente en Inglaterra, donde desde la época isabelina se reserva el término humor para denominar *la especial alegría que produce en el espíritu observar el mundo y la humanidad desde un punto de vista estrictamente personal. Es decir que consiste en poner en evidencia y destacar los absurdos que hay en aquellos hechos que se consideran normales por la fuerza de la costumbre.*

Pues sí señor: muy atinada la idea. Diré (lo estarán ustedes esperando) que la sentencia en cuestión resolvía el recurso interpuesto por el admirable Alfonso Ussía contra otra anterior de la Audiencia Territorial de Madrid, que le había condenado por unos versos satíricos publicados en *ABC,* dedicados al profesor López Aranguren. El texto versificado, terminaba sentando el fallo, *estaba desprovisto de toda agresividad difamatoria, máxime cuando se ha publicado en las páginas dedicadas al humor y se refiere a una per-*

1. Compruébese en mi libro *Historias puñeteras,* 7.ª edición, 1997, publicado por Editorial Planeta en esta misma colección.

sonalidad sumamente conocida. En definitiva y dicho con cierta pedantería profesional, cuando Ussía se tomó a guasa a don José Luis, no lo hizo con *animus doli* («intención de dañar»), sino con *animus jocandi* («intención de divertir»).

Ocurre que tan sutil distinción es la que muchas veces nos permite ironizar sobre personas e instituciones que tratadas de otra forma, nos acarrearían procesamientos, multas y hasta cárcel. Porque incurriríamos en injurias o calumnias o atentados contra el honor. Pero la técnica del humor es incitante, esclarecedora, flexible y cortés. Supone siempre la antiviolencia, ya que frente a ella ninguna persona medianamente civilizada puede reaccionar abruptamente. Si es capaz de hacerlo, replicará con otra burla, con otra muestra de ingenio satírico. De lo contrario, se callará avergonzada. Por eso digo que *humor, con humor se paga.*

Aunque Jaime Campmany (que tampoco es manco en la materia) afirma que el humor o entra con sangre o es un chascarrillo. Bueno, es que el humor de Jaime transita siempre por los espinosos senderos de la política y ahí, en efecto, hay que hacer pupa. Pero como norma, a los humoristas (la frase es de Mingote) sólo los arrastran los poetas. Además, no siempre se sonríe de la misma manera ni por los mismos motivos; el ingenio persigue, acosa, caza el disparate y lo sirve, a título de tal, en tipos, situaciones, dichos y hechos (Fernández Almagro *dixit*).

Como el toque erudito siempre se agradece, convendrá decir que no hay acuerdo acerca de la etimología de la palabra humor. Para unos, procede del latín *humos*, «tierra», sin que nos aclaren por qué. Más lógico parece hacerlo descender de la voz *umidus*, también latina, «humedad», que origina la otra acepción de la palabra humor, líquido humoral, de donde dicen los eruditos que viene eso de estar de buen o de mal humor, según sea el líquido predominante que empapa el cuerpo en un momento dado. Tal opina el catedrático de Filosofía de la Educación, Octavio Fullat.

Lo único incuestionable es que las bestias desconocen el humor. Y que para los seres racionales que poseen su sentido, constituye una forma de ser, una actitud constante ante la vida e incluso ante la muerte. Vamos a verlo en seguida.

*

Razón Española es una revista bimensual de gran categoría intelectual; una revista seria y rigurosa, en la que escriben plumas ilustres. Sin embargo, pocos la conocen ya que, por su independencia ideológica, padece esa conspiración de silencios que suele abatirse sobre aquellos medios de opinión y aquellas personas que no se casan con el poder, lo ejerza quien lo ejerza. Pues bien; en sus páginas se publicó un espléndido artículo, «Humor y razón», que aunque sin firma, por tratarse del editorial, tengo para mí (y casi lo aseguraría) que fue escrito por Gonzalo Fernández de la Mora.

El humorismo, se decía en él, es una actitud, una disposición del ánimo, un talante. Que consiste en no estar comprometido ni lógica ni ética, ni afectivamente. El humorista no defiende una tesis; pero no necesariamente porque sea escéptico. Su posición intelectual suele ser el perspectivismo (todo depende del lugar donde se contempla) o la duda metódica (suspensión voluntaria y provisional del juicio). El humorista no acaba de pronunciarse, aunque señale una dirección. Los dogmáticos y los categóricos están en las antípodas de la posición humorística: a Hegel el humor incluso le ponía de mal humor...

Lo primero que hace un humorista es tomar distancia, no abrazarse ni conceptual ni moral ni emotivamente al objeto. Trata de olvidar los esquemas tópicos y las fórmulas prefabricadas; esto le permite descubrir lo inadvertido y reflexionar libremente. El humorista no es un bufón, sino un meditador. (Añado yo, a mayor abundamiento, otra opinión de Antonio Mingote, para quien el humorista es *aquel que razona hasta más allá de lo razonable.*)

Se plantea finalmente este artículo algo que muchas veces he discutido en foros y seminarios: el humor del ciudadano español. Evidentemente, el humor está presente en nuestra literatura, por lo menos desde el Arcipreste de Hita, con Cervantes como suprema cumbre y muy cerca de él, don Francisco de Quevedo. Pero aquí, a diferencia de lo que acontece en Inglaterra, es un talante minoritario y no masivo. A un pueblo apasionado y categórico, como el nuestro, le cuesta mucho tomar las distancias que exige el humorismo. Prefiere lo cómico y, sobre todo, lo satírico. Y a fuer de trágico, el humor le parece a veces cobardía, y la ironía, cinismo. De ahí el éxito popular del epigrama. En España, la crítica y la discusión suelen entrañar un poco o un mucho de violento vejamen.

La conclusión de *Razón Española* es terminante: estamos menesterosos de una catequesis nacional de ironía y de humor, que son pacíficos ritualizadores de la polémica e indoloros mayeutas de la concordia. Son vacunas racionales contra la pasión.

O sea, lo que menos doctamente decía yo líneas atrás: que el humor supone la antiviolencia. Tan necesaria en este país (antes llamado España), proclive a los extremismos, la virulencia y la brusquedad. Sin que pueda olvidarse una triste evidencia: que la sesuda crítica literaria, los catequistas oficiales de la cultura, siempre dispuestos a impartir lecciones magistrales y, especialmente, a consagrar presuntos genios de las letras o a despreciar talentos que no son de su agrado, muy escasamente han reconocido jerarquía a la literatura de humor.

Pese a los eximios precedentes apuntados; pese, más dolorosamente, a que la literatura de humor española en este siglo que se nos va alcanzó cotas inmensas. A lo largo de estas páginas desfilarán nombres cimeros de nuestras letras, que sin embargo, fueron tenidos casi siempre como cultivadores de un género *menor*. Frente a la exaltación del escritor *profundo* (tantas veces pura tabarra), al humorista se le ha venido considerando como de segunda clase, sin advertir que es en su obra donde mayor profundidad suele encontrarse.

Hasta 1945 no fue aceptado un humorista en la Real Academia Española de la Lengua; es decir, cuando la llamada Docta Casa llevaba más de dos siglos de existencia. Correspondió el honor a Wenceslao Fernández Flórez. Treinta años después es elegido Miguel Miura, que murió sin haberle dado tiempo para leer su discurso de ingreso. En 1983 se recibe a José López Rubio, quien dedica ese discurso a *la otra generación del 27*, la de los escritores de humor, de la cual formó parte. Ahora, por fortuna, figura entre los *inmortales* Antonio Mingote. Parca representación, de todos modos, máxime si pensamos la amplísima generosidad con la que han sido admitidos recientemente en la Academia ciertos escritores de dudosa calidad y paupérrima obra.

*

El sentido del humor: una actitud frente a la vida e incluso frente a la muerte, hemos dicho. Las primeras anécdotas de este libro van a confirmarlo. Pues estaba Antonio de Lara, el inolvidable Tono ingresado en la Clínica de la Cruz Roja, en Madrid, gravemente enfermo a sus ochenta y pico años y recibió la visita de un conocido, con el que le unía corta amistad. Tras una breve conversación, puramente de circunstancias, cuando el visitante se despidió (yo estaba allí y doy fe, por tanto, del sucedido), Tono le dijo, naturalmente desde la cama: *Perdone que no le acompañe hasta la puerta, pero es que me estoy muriendo.*

Se murió al día siguiente.

La anécdota de don Pedro Muñoz Seca es más conocida. Le llevaban a fusilar los milicianos republicanos a Paracuellos del Jarama y, cerca ya de las fosas previamente cavadas para sepultar a las víctimas del genocidio, les dijo a sus asesinos:

—Me habéis quitado todo, me habéis quitado el reloj y la cartera y el abrigo; me vais a quitar la vida. Pero hay algo que no podéis quitarme.

Aquellas fieras preguntaron, con voces cargadas de odio:

—¿Qué es eso que no podemos quitarte?

—El miedo que tengo...

Alfonso Ussía, nieto del comediógrafo, atestigua la certeza de la anécdota.

Finalmente, otro escritor espléndido, curiosamente con mucho más sentido del humor en su diaria actividad que en su obra literaria, Agustín de Foxá, regresaba de Manila, donde había cumplido su última labor diplomática, aquejado por un cáncer en estado terminal. Le bajaron del avión en una camilla, macheteado por los sueros, y le comentó a su amigo José Vicente Puente, uno de los que estaban esperándole y que fue quien me lo refirió: *Ya ves. Llega el último de Filipinas...*

Una actitud, por tanto, no sólo frente a la vida: también frente a la muerte. Pues el sentido del humor posee por entero a quienes lo tienen; obviamente, estas *gracias* (si así queremos llamarlas, minimizando su categoría) no se dijeron para provocar sonrisas o merecer aplausos. Sino porque formaban parte indisoluble de la *forma de ser* de sus autores. Eran *consustanciales* con ellos; *impregnaban* su personalidad.

Precisión final para cerrar estas breves consideraciones: el sentido del humor es congénito. Nace con el individuo, o sea. Nunca se va adquiriendo a lo largo de la vida. Se tiene de modo connatural o jamás se consigue. Se llega con él a este mundo, como se llega con los ojos azules, la nariz gorda o la mandíbula prognática. Por supuesto que, andando el tiempo, se pule, se agría o se edulcora, se hace más hiriente o menos mordaz. Pero ahí está, inseparable como la sombra del cuerpo (cuando hace sol, se entiende), apéndice y complemento o, más todavía, sustrato de la personalidad de quienes han recibido del Señor la gracia de ser así.

*

Es obvio aclarar que no hace falta ser escritor para merecer la calificación de humorista. Hay por esas tierras resecas de Castilla, en el campo andaluz, entre los naranjales valencianos, no se diga en la umbrosa Galicia y en los *casherios* del País Vasco, en toda España, en definitiva, personas con un espléndido sentido del humor, que lo manifiestan en su acontecer cotidiano. Labriegos, menestrales, gentes a veces de cortas lecturas, pueden sorprendernos con ironías dignas del más agudo de los prosistas. Gentes del campo, especialmente; como si el terruño y la lejanía de eso que llamamos desarrollo/bienestar/consumo avivase su natural ingenioso.

Pero aquí vamos a centrarnos en la literatura española contemporánea, género humor. Advirtiendo que caben otros: el humor gráfico, el humor oral. Sin olvidar que una gran parte de los escritores humoristas comenzaron su andadura en el dibujo, en el *mono*, como ellos gustan en llamarle: Mihura, Tono y Azcona, como ejemplos apodícticos. Feraz vivero del género fueron las revistas: *Buen Humor* y *Gutiérrez*, en los años veinte; *Gracia y Justicia*, durante la Segunda República; *La Ametralladora*, en plena guerra civil (zona nacional) y la incomparable, asombrosa, imperecedera *La Codorniz*, desde 1941 a 1976. Habrá ocasión de recordarlas, más adelante.

En cuanto al humor oral, podríamos hacerlo arrancar de los juglares, que además de cantar y tañer el laúd, animaban al auditorio refiriéndole sucedidos chuscos. Quizás los bufones de corte también deberían ser tenidos por antecedentes; pero, personalmente, siempre me produjeron una mezcla de pena y asquito. Los payasos de circo ya son otra cosa. Los payasos de circo han dado admirables humoristas; por supuesto que no estoy pensando en esos que repiten el chiste de la viuda del gaitero y vulgaridades semejantes. Pienso en Charlie Rivel, como paradigma de un humor de altísima calidad, desarrollado bajo la carpa.

Y algunos, pocos, de quienes se presentan ante el micrófono o en la televisión como humoristas y, salvo gloriosas excepciones, no son otra cosa que lamentables contadores de chistes soeces. Frecuentes en la televisión, nada tienen que ver con el humor, en su cabal sentido. En tiempos pasados se los llamó *caricatos*; aunque también hubo uno, Ramper, que sí debe ser recordado y ensalzado porque anticipó muchas de las características del mejor y más moderno humor verbal.

Que alcanza su más alta expresión con el genio de Luis Alberto Sánchez Polack, más conocido como Tip. Se nos ha muerto hace bien poco, después de sufrir meses de martirio, cuando ya quedaban cerca las fallas de su tierra, a las que nunca faltaba. Con él se nos fue el mejor de los humoristas verbales. Porque Tip ha sido el mago de la palabra, el gran volatinero del disparate, que dislocaba la lógica para conseguir, desde la pura abstracción, un humor asentado en el absurdo. En pareja muchos años con José Luis Coll, sus diálogos desatinados, incluso incoherentes, quedan como muestra incopiable del más admirable humor oral. Buceando en la historia del género, sólo Groucho Marx resiste la comparación.

Hace diez años o así, Tip me hizo el favor (y el honor) de presentar un libro mío, *Chicas de servir.* Llegó al gran salón del hotel Meliá Castilla, abarrotado de público y subió al estrado, donde le esperábamos Jesús Domingo, Fernando Lara (q.e.p.d.) y yo; traía debajo del brazo una caja de zapatos. Nos sentamos, abrió el acto el entonces director literario de Planeta, sacó Tip unas cuartillas y comenzó a leerlas. Durante más de un minuto estuvo hablando de plantas y de flores, de dicotiledóneas, liliáceas, solanáceas y asépalas, para callar de pronto y excusarse en seguida, con su voz campanuda: *Perdón, perdón; he sufrido una lamentable equivocación. El libro de botánica lo presento mañana.*

Hizo después un generoso elogio de mi novela y antes de terminar, anunció:

Mi larga experiencia en estos lances literarios, fastos culturales a la par que elegante reunión de la mejor sociedad, me permite saber que en cuanto yo termine, ustedes se precipitarán como fieras, es un decir y dispensen la forma de señalar, sobre el suculento bufet que hay preparado en la mesa del fondo. De mòdo y manera que como los aquí presentes, en esta digna presidencia, tendremos en el mientras tanto que estrechar manos y recibir plácemes, cuando por fin podamos acercarnos al antedicho bufet para catar un canapé o hincarle el diente al pincho de tortilla, ya no quedará ni rastro de tan apetitosos manjares. Por lo cual y previsoramente, mi señora me ha preparado estas croquetitas, que vamos a comernos con su permiso.

En efecto; de la caja de zapatos sacó unas croquetas, que repartió entre quienes estábamos en el estrado, con el natural regocijo del selecto público. Que, por supuesto, estaba ya vaciando con entusiasmo notorio y velocidad olímpica las bandejas de aperitivos y las cazuelitas de arroz.

Todo en Tip fue sorprendente, mágico, desconcertante. Genial, vaya. En la recepción que el día de San Jorge ofrece el rey en palacio a los intelectuales, durante la cual Su Majestad, tras el saludo ritual a la llegada, va recorriendo los grupos que se forman en el salón y charla fuera de todo protocolo con sus invitados, se acercó adonde estaba Tip. Quien, con todo desparpajo, le dijo a don Juan Carlos: *Yo a ti te conozco. De la tele, ¿verdad...?*

Un ser excepcional. Descanse en paz.

*

A comienzos del siglo xx, la literatura de humor en España se manifiesta por lo general en epigramas y sátiras de marcada intención política. También las revistas tenidas por humorísticas se entregan absolutamente a las críticas coyunturales del gobierno de turno y de los partidos. En los años veinte, *Buen Humor* y *Gutiérrez* comienzan a introducir nuevas fórmulas, nuevos estilos: el verdadero *sentido del humor*, auspiciado por una generación maestra que, como dice Rafael Flores, tiene a Ramón Gómez de la Serna como Sumo Pontífice. Ramón, *ser milagroso e inexplicable*, le llama Lázaro Carreter, *adelantado de un mundo nuevo, en el cual convivían, sin hiel, lo audaz; sin justificación, lo absurdo y sin anatema, lo humano con lo divino.*

Éste es el arranque de la ya citada *otra generación del 27.* Pero si en el periódico y en el libro semejante humor informal, hecho de metáforas inauditas y sorprendentes adjetivos echa a andar con fuerza, en el teatro no aparecerá hasta la siguiente década y aún con timidez, para asentarse en los contradictorios años cuarenta, en plena posguerra. Ya que antes, cuando los *ramonianos*, así definidos en un principio, rompían con todos los moldes establecidos en la literatura, en la escena teatral seguían triunfando las *comedias cómicas.* Cuya misma definición no engañaba a nadie.

Cuidado. El teatro cómico español de esa época ofrece títulos ciertamente dignos de aprecio. Bastará citar *La venganza de don Mendo*, inmarcesible obra de Muñoz Seca. Y algunos sainetes de Arniches y el costumbrismo andaluz de los hermanos Quintero y a otros autores de menor nombradía, pero también con merecidos éxitos. Aunque todos acogían su producción a la rúbrica de *lo cómico.* Que en buena medida se basaba en el chiste de ocasión y en el astracán, *calambour*, que le decían, ingeniosos juegos de palabras; y en la explotación a veces nada piadosa de tipos tópicamente marginales: el tartamudo, el borrachín, el señorito calavera...

Ya veremos cómo los del 27, Jardiel Poncela, Mihura, Tono, Neville, López Rubio, acaban con ese teatro *cómico* para introducir con fuerza el teatro *del humor*. No fue tarea fácil, pues los públicos tradicionales se resistían a aceptar aquellas *insensateces* e incluso la mayoría de los críticos clamaba contra la desvergüenza de semejantes autores irreverentes. De ahí el escándalo diario que supusieron las representaciones, nada menos que en el Teatro Nacional María Guerrero, de Madrid, de una de las obras capitales del nuevo género: *Ni pobre, ni rico, sino todo lo contrario*. Era el humor de *La Codorniz* llevado a las tablas; naturalmente, los jóvenes lo aclamábamos, en la misma medida que las señoras que venían de tomar un caldito en Lhardy se estremecían de pavor y no dudaban en *meter el pie*, como se denominaba en el argot teatral la mala costumbre de patear en señal de protesta.

*

El que llamo *humor gráfico* sí que tiene larga, antigua y brillante tradición en la prensa española. No hace mucho se han reeditado en facsímil las increíbles aleluyas que los hermanos Bécquer publicaron en contra de Isabel II y su melifluo esposo, el rey consorte Francisco de Asís. Se trata de una sátira feroz, obscena e incluso soez; curiosamente, escribió los tremendos versos escatológicos el poeta romántico por excelencia, cantor de los más puros sentimientos de amor y hermosura, Gustavo Adolfo. Su hermano Valeriano los ilustró caricaturizando de manera sangrienta a la real pareja.

Grandes dibujantes de *monos*, generalmente con intención política, fueron Xaudaró, siempre con su perrito, y Sileno y Tovar y Cilla y Tito y tantos más. Coincidiendo ya con *los del 27* en el semanario *Gutiérrez*, Ricardo García (que lo dirigía) hace popular su seudónimo *K-Hito*. Yo le conocí en circunstancias curiosas. Durante la guerra civil, funcionó en Valencia una Academia Comercial Morales, cuyos alumnos éramos cuidadosamente seleccionados entre los hijos e hijas de familias *de derechas*. En el curioso claustro de profesores figuraban (después nos enteramos) dos curas camuflados, un coronel asimismo en la clandestinidad, dos o tres ricos terratenientes que se disfrazaban de maestros y un tal don Ricardo, que nos enseñaba caligrafía. Y nos caía muy bien, pues podíamos evitar las malas notas regalándole cigarrillos, mercancía a la sazón inexistente en los estancos.

Poco después de terminada la guerra, me encontré con don Ricardo en la plaza de toros; había recobrado su seudónimo y se disponía a lanzar el semanario *Dígame*. Supe por él mismo que huyó de Madrid en los primeros días del Alzamiento, porque le buscaban con ahínco para darle *el paseo*. Bueno; él lo comprendía. Pues en las páginas de *Gracia y Justicia*, en 1933-1936 había publicado tremendos chistes en contra de las izquierdas. Como aquel dedicado a Manuel Azaña. Aclararé para los jóvenes que Azaña tenía fama de homosexual, *sarasa* siguen llamándoles en los crucigramas. Y que *Ahora* era uno de los periódicos más leídos del momento.

Pues bien; la portada de *Gracia y Justicia* ofrecía a toda plana un dibujo que representaba al señor

Azaña, inclinado frente al quiosco de prensa, en primer término sus amplias posaderas. Y decía el pie: *Puede darme ahora...*

A partir de *La Codorniz*, la nómina de dibujantes de humor crece tanto en número como en calidad. Allí se dan a conocer Gila, Azcona, Mingote, Dátile, Chumy Chúmez, Mena, Tilu, Kalikatres, Serafín, Pablo, Cebrián, Nacher, Picó, Galindo, Munoa, Máximo, Forges, Abelenda, todos ellos bajo las alas protectoras de los maestros Tono, Mihura y Enrique Herreros. Allí comenzará también su andadura Manuel Summers, que después se pasará a la realización cinematográfica, siempre en la línea humorística. Y que seguirá publicando sus personalísimos *monos* en *Pueblo* y en *El Imparcial* y en otros varios periódicos.

Summers llevó su sentido del humor al máximo: en cierto modo, se especializó en chistes sobre etarras. Naturalmente, usando su enorme ironía, su gran agudeza, en la crítica despiadada de los asesinos. Recuerdo uno de sus más estremecedores *monos*. Representaba a un encapuchado, con el pie sobre un cadáver ensangrentado; su cómplice en el crimen, desde una cabina telefónica inmediata, le decía:

—No puedo reivindicar la ejecución, porque se han cargado el teléfono.

Y el otro, con la metralleta todavía humeante:

—¡Qué país de bestias...!

Siempre presento este ejemplo como inmejorable muestra de que el humor puede servirse incluso de los más terribles temas.

*

Pasemos, ya va siendo hora, al anecdotario personal de nuestros mejores humoristas contemporáneos. Antes, una última consideración. El humor, el sentido del humor, aparece no sólo en aquellos escritores específicamente dedicados a él, sino en otros muchos que salpican sus novelas más serias, digamos más rigurosas en cuanto narrativa, con picotazos humorísticos. En este sentido, nuestro preclaro Nobel, Camilo José Cela, es buena demostración de que una producción de tan alta calidad literaria como la suya, resulta compatible con buenas y bien medidas dosis de *sentido del humor*.

II

GÓMEZ DE LA SERNA

Gómez de la Serna fue, es y será en la literatura española, sencillamente *Ramón*. Ramón por antonomasia. Ramón, a secas por siempre jamás, amén. (Valle-Inclán es *don Ramón*, que nadie se confunda.) Y con tratamiento de bachiller o más a la pata la llana, dos genios, cada uno en lo suyo. Ramón, sumo sacerdote de un humor nuevo, distinto, rompedor, que iba a marcar a cuantos le siguieron en el género; don Ramón, flagelador de la sociedad, destripador de las bajezas de su tiempo a través del esperpento. (También Valle anduvo sobrado de humor aunque se le recuerde mayormente por su mal humor. Valga un ejemplo: le tenía una manía feroz, un odio casi enfermizo a Echegaray. Acudía a todos los estrenos del tan discutido Nobel, para patear sus obras con ensañamiento. En una de ellas, el personaje de la comedia decía de una señora que tenía *nervios de acero bajo una piel de seda*. Valle-Inclán se levantó de su butaca, para gritar: *¡Eso no es una mujer! ¡Eso es un paraguas!*)

Retomemos a Ramón, tras la digresión valleinclanesca, que confirma algo que se comentó en el primer capítulo de este libro: hasta en los más serios y respetados escritores se encuentran con frecuencia rasgos de humor. En Gómez de la Serna, por el contrario, el humor se manifiesta torrencialmente, avasallador, incontenible a lo largo de su obra extensísima: más de cien libros, veinte obras de teatro, millares y millares de artículos. Una enorme variedad de temas, la biografía, la historia, la novela costumbrista, la intimista, la crítica de arte. Y siempre una constante: Madrid. En el presente o en la nostalgia, en la actualidad o en el recuerdo.

Pocos escritores fueron en vida tan halagados como él. Por los críticos y por los colegas, que eso sí que tiene mérito. Jardiel Poncela escribió: *Sin Ramón, muchos de nosotros no seríamos nada.* Y López Rubio: *El fenómeno que aturdió al grupo de jóvenes humoristas que entonces comenzaban, dejándoles como si les hubiera dado un aire, llenando sus cabezas de violentos hálitos.* Y Camón Aznar: *Su obra es un océano sin orillas.* Y Valéry-Larbaud, ya en 1923: *Los tres grandes escritores de este siglo son Proust, Joyce y Gómez de la Serna.* Y Azorín: *Psicólogo de las cosas.* Podría seguir hasta el infinito: cierro con un escritor de hoy, Francisco Umbral, tan radical a veces en sus criterios: *Ramón es el primero que inaugura el humor en España, pueblo bárbaro que cultivaba otros géneros, como lo grotesco, que viene de gruta.*

Tan entusiastas opiniones tardaron en ser compartidas (si es que alguna vez llegaron a serlo del todo) por la pacata clase lectora del país, por las gentes *serias*, fieles a Palacio Valdés y a Concha Espina y al padre Coloma y al teatro de Linares Rivas. Para ellas resultaba incomprensible el fervor con que los jóvenes recibían aquellas obras, que decían *de vanguardia*. El tal Ramón les parecía, en todo caso, un extravagante, un ser raro, quizás algo chiflado. Claro que él daba pie más que sobrado para semejantes juicios.

Por ejemplo, con sus conferencias. Ramón arrasó la tradición del género, que parecía intocable. No sólo en el contenido, sino en las formas. Ni que decir tiene que lo que decía siempre resultaba ameno, divertido, a la vez que profundo en su ironía y en su intención. Nada que ver con la vieja definición de conferencia como *reunión de personas dormidas, que se despiertan sobresaltadas para aplaudir*.

Pero lo que pasmaba al público, que en cuanto se corrió la voz, llenaba los locales donde Ramón peroraba, era su puesta en escena. Sorprendía, provocaba el jolgorio de unos y la irritación de otros. No era para menos. Imaginen que, fiel a una de sus devociones literarias más sentidas, el mundo del circo, del que se autotitulaba *Cronista Oficial*, dio una conferencia en Madrid en el Circo Americano (1923) subido en un trapecio. Tres años más tarde, cuando ya era famoso en Francia, disertó en el Circo de Invierno de París; esta vez a lomos de un enorme elefante.

Además, inventó las que llamaba conferencias-maleta, ya que se presentaba con una y sacaba de ella los más variados y extraños objetos: globos de colores que lanzaba al público, palomas que echaban a volar o figuritas y cacharros cursis, que destrozaba con un martillo, ante el regocijo de los espectadores. Otras veces aparecía con un cascabel en la solapa y arrojaba otros al auditorio, mientras explicaba que *el cascabel es el garbanzo del optimismo.* Solía llevar, además, un monóculo sin cristal y su inseparable cachimba. *(He fumado tantas pipas, que cuando me voy a acostar creo que tengo la pipa en la boca.)*

En 1933, en otra de sus giras por Hispanoamérica, amplía el contenido de su maleta y la convierte en baúl. En la sociedad Amigos del Arte, de Buenos Aires, viste de acuerdo con el tema de sus charlas: para hablar de toros, en traje de luces; para hacerlo del Greco o de Napoleón o de Goya, caracterizado como tales personajes y con las adecuadas ropas de época. En algunas ciudades —recorrió con sus conferencias toda Argentina y Paraguay y Chile— le silbaban antes de comenzar; pero se le rendían, entre ovaciones, cuando terminaba su disertación.

Ramón nació, por supuesto, en Madrid, en 1888, hijo primogénito de don Javier, abogado, y doña Josefa, sus labores, que tendrían otros cuatro (*La primogenitura es la primada de haber nacido el primero*, escribió muchos años después). Su tío Toribio fue quien, con indudable perspicacia, descubrió la vena humorística del muchacho, cuando éste tenía poco más de doce años. Siempre le acompañaba a las sesiones del Congreso; un día, quizás porque se aburría, el tío se puso en pie y dirigiéndose a su sobrino le dijo, mientras le extendía la mano, como si fuese a darle una propina:

—Toma y quédate si quieres.

Rechazó Ramón el regalo que creía que intentaba hacerle:

—¡No, no, de ninguna manera! ¡Muchas gracias!

—Anda, toma, no seas tonto...

—Que no, que no.

Entonces se dio cuenta de que lo que quería darle su tío no era una moneda, sino la chapa de su gabán, depositado en el guardarropa. Sonrió y para arreglar la plancha, dijo:

—Bien; por tratarse de mi gabán, aceptaré...

Horas después, ya en casa, el tío Toribio le comentó a su padre:

—¿Sabes que tienes un hijo que es un humorista? ¿Quieres creer que me rechazaba a brazo partido la chapa de su gabán?

—Una broma —disimuló Ramón—. Sólo la acepté, como le dije al tío, «por tratarse de mi gabán».

—Ése es un rasgo de verdadero humorista —sentenció don Javier.

Y según Ramón, *desde aquella tarde en que fui bautizado de humorista ejerzo esa profesión, que no sé si es ventajosa o desventajosa.*

Fue durante muchos años un mujeriego empedernido. *(Realmente he sido un obsesionado por la mujer.)* A los nueve tuvo su primer amor (platónico, naturalmente) con una niña de seis, Clotilde, hija de una portera de la plaza de la Encarnación. Estando interno en el colegio de San Isidoro, de Palencia, se enamoró de una maestra veinte años mayor que él. Y después, de una sirvienta, de la hija de un funcionario, de una lotera. Estudiaba Derecho cuando tuvo con *una bella estanquera* (así la definió) un romance fugaz; veraneando en la playa asturiana de Salinas fue protagonista de *dos idilios sinceros*, también según su opinión. Era ya escritor y periodista, con todas sus consecuencias y una bailarina del Real, Antoñita, *le atrae como un ensueño* y supone un nuevo y apasionado amor.

A raíz de publicar *Morbideces*, conoce a Carmen de Burgos *(Colombine)*, que tiene treinta años; diez más que él. A la escritora, entonces famosa, le atrae aquel muchacho, tan necesitado de apoyo en sus difíciles pasos por la literatura. Surge entre ambos una relación que pronto se hará total; con ella Ramón viaja a París y a Londres y a Italia. Durante toda la vida, *Colombine* será su gran amor; de tal modo que reducido el idilio a la más limpia amistad y casado ya con Luisa Sofovich, ésta aceptó que se viesen todos los domingos.

Tía-abuela de Ramón, la poetisa Carolina Coronado define a Ramón como *anarquizante, dinamitante, crepitante* e, indignada por sus osadías literarias, llega a pedir que se reúna el consejo de familia para castigarle por su desfachatez. No opina lo mismo su padre, el bueno de don Javier (que sería nombrado director general de los Registros) y costea su primer libro, *Entrando en fuego*, como pagará en 1910 la edición de la revista *Prometeo*, que permite a Ramón entrar en contacto con los jóvenes escritores y artistas de la vanguardia; allí publicará el *Manifiesto del futurismo*, de Marinetti, y comenzará a escribir las greguerías.

Asiduo visitante del Rastro *(el único sitio donde tengo crédito)*, colecciona los más insólitos cachivaches, con los que decorará de forma sorprendente, primero sus habitaciones en la casa familiar de la calle de la Puebla y finalmente, el ático de Velázquez, 4, su famoso torreón (25 pesetas de renta mensual), donde vivía y trabajaba a ritmo febril. Allí tenía un gran ramo de polichinelas, una codorniz de reclamo, cajas de música, un reloj segoviano en que una parejita se miraba moviendo los ojos al compás del péndulo, mariposas de la Indochina, un corazón humano dentro de un frasco con formol, muchas bolas de cristal de todos los colores, murciélagos, caretas, una lápida traída de un cementerio, un farol del alumbrado público y letreros de *peligro de muerte* sobre los libros, para que no se los robasen.

Y como pieza esencial, que para siempre quedaría unida a su historia, la muñeca de cera. Un antiguo maniquí de una corsetería, de tamaño natural, que vestía, alhajaba y cuidaba como si tuviese vida. No se piense que fue un adelantado en el uso procaz de esas muñecas hinchables, que se pusieron de moda hace algún tiempo. La muñeca de Ramón cumplía una función puramente sentimental, de acompañamiento en su soledad, incluso de estímulo para su actividad creadora.

García Prieto, ministro de Gracia y Justicia, con la sana intención de ayudarle, le coloca cuando ya es abogado como oficial técnico en la Fiscalía del Tribunal Supremo. Acude a la oficina algún tiempo, hasta que se aburre en aquel ambiente sórdido, que detesta, y pide la excedencia. Pero el ministro se niega a dársela, aunque le autoriza a que no vaya por la oficina. En tan anómala situación pasa varios meses, hasta que el gobierno del general Primo de Rivera le declara cesante, junto a otros muchos funcionarios que tampoco aparecían por sus despachos, en su caso sin autorización ministerial.

Donde sí acude Ramón con frecuencia es al Ateneo, del que le han nombrado secretario. Como necesita un lugar donde reunirse un día fijo con los suyos, *un café propio*, decía, en 1915 descubre en la calle de Carretas la botillería Pombo, a la que pondrá de moda con su famosa tertulia. A su vez, uno de los asiduos, José Gutiérrez Solana, el pintor del tremendismo, la inmortalizará en su famoso lienzo, donde pueden verse, con el propio autor, a Ramón comandando el grupo que forman el dibujante Salvador Bartolozzi, Tomás Borrás, José Bergamín, Mauricio Becarisse y el crítico de arte Manuel Abril. Posteriormente, se irán añadiendo a *La Sagrada Cripta* otros escritores, preferentemente jóvenes.

Pombo alcanzó fama universal. Siempre a la caza de novedades, cuando la radio comenzaba a difundirse, Ramón organizó un programa semanal en Unión Radio, en el que actuaban López Rubio, Neville, Jardiel y Paco Vighi. En una cena previa (en Pombo, naturalmente) se preparaba el guión, siempre partiendo del más descoyuntado humor. Por supuesto, la emisión salía al aire en directo. De ahí vino la catástrofe: Gómez de la Serna, que presentaba a los contertulios, dio paso una noche a Gutiérrez Solana, para que cantase, lo cual le encantaba al pintor, que incluso estaba convencido de que lo hacía bien.

Acercóse al atril, sacó del bolsillo las partituras, pero quizás nervioso, los papeles se le vinieron al suelo. Soltó entonces ante el micrófono un taco terrible, repetido para mayor escándalo. Un taco que tardaría muchos años en poderse oír a través de las ondas, y que entonces provocó un escándalo morrocotudo. Se cortó abruptamente el programa y terminó también para siempre la experiencia radiofónica de los de Pombo.

Siendo tan copiosa y tan brillante la labor literaria de Ramón, su mayor popularidad la debe a las greguerías, el género que inventó, ante la sorpresa y también, el enfado de algunos colegas. Curiosamente, su difusión internacional se debió a un artículo que José María Salaverría había escrito, criticándolas duramente. Reproducía varias, para denostarlas; las leyó Valéry-Larbaud, a quien entusiasmaron; así que las tradujo al francés, con el título *Échantillons* y alcanzaron tan gran éxito, que Ramón tuvo que ir a París, para recibir un homenaje que le dedicó el Cercle Littéraire Internationale.

La Real Academia define la greguería como *agudeza, imagen en prosa que presenta una visión personal, sorprendente y a veces, humorística de algún aspecto de la realidad y que fue lanzada y así denominada hacia 1912 por el escritor Ramón Gómez de la Serna.* Su impacto en todos los escritores de la época fue inmenso; todos, también, quisieron imitarlas alguna vez en su obra. Según Umbral, Jorge Guillén y Vicente Aleixandre y Dámaso Alonso y el mismo Lorca, los poetas del 27, están influidos en sus comienzos por Ramón, de tal manera que muchas de sus metáforas son puras greguerías.

Millares de ellas escribió Ramón. Recordemos algunas:

- Los negros tienen voz de túnel.
- El tranvía aprovecha las curvas para llorar.

- Al ombligo le falta su botón.
- Los cuervos se tiñen.
- Sobre la máquina de escribir, el alfabeto baila la jota.
- El agua derrama su cabellera en las cascadas.
- Las rubias tienen más frío que las morenas.
- Cuando anuncian por el altavoz que se ha perdido un niño, siempre pienso que ese niño soy yo.
- Las bellotas nacen con hueveras.
- Son tan alegres los helados porque son como tupés de *clown*.
- El encanto de la mujer tirada en la arena es que parece la estatua a medio desenterrar.
- Las mulas tienen la tristeza de la esterilidad.
- ¡Qué tragedia! Envejecían sus manos y no envejecían sus sortijas.
- La flecha del rayo siempre sale doblada.
- Los azulejos abren el apetito.
- Todos los días del limbo son domingo.
- Los tapices son las toallas en las que el tiempo se limpia las manos.
- Esponja: calavera de las olas.
- El péndulo del reloj acuna las horas.
- Los ángeles de la guarda de los músicos debían pasarles las hojas de las partituras.

Ramón identificaba la greguería con la vida misma. Y precisó que *sólo brota a veces, raras veces, pues para hallar la greguería hay que estar en un estado de gracia profano y difícil*. Así, explicó que *es lo único que no se improvisa nunca. Tienen que ser lentas y naturales.*

A pesar de su intensa actividad literaria, Ramón

pasó estrecheces económicas en muchos momentos de su vida. Por eso escribió en *Automoribundia: Vivir de milagro todos los días llegó a ser en mí una costumbre [...] Cuando alaban una cosa mía, suelo exclamar: ¡mis miserias me cuesta!* Sin embargo, se construyó con gran esfuerzo en Estoril un chalé, «El Ventanal», para que fuese su *sanatorio de silencio*. Pudo concluirlo porque tuvo la suerte de que le tocase el segundo premio de la Lotería Nacional; pero aún necesitó solicitar un préstamo usurario y al no poderlo satisfacer, el cruel acreedor le obligó a venderlo, para liquidar su deuda con él.

En un contraste difícil de entender, viajó de continuo; se hizo popular en Nápoles, *el rincón ideal del mundo*; constituyó con Azorín el Pen Club, a la manera inglesa; volvió a París, donde gozó de la prosperidad transitoria que le proporcionaron sus traducciones al francés, bien pagadas; a su regreso a Madrid, escribió: *el llanto de dejar París se enjuga en la servilleta del último restaurante en que se come*. Estrenó una comedia, *Los medios seres*, incomprendida por la mayoría; volvió a París, esta vez en circunstancias precarias; allí escribiría *La nardo*, pura añoranza madrileña...

Nuevamente en casa, colabora en varios periódicos y dedica su vida erótica a *tres amorosas*, en un perfecto orden semanal, los lunes, miércoles y viernes, para que no coincidan con la asistenta. Se levanta a las dos de la tarde; no desayuna; a las tres, come en casa, si es día de asistenta; de no ser así, en Puerta de Hierro; pasea por el jardín, *al que no va nadie*; vuelve a casa y prepara su trabajo; cena en Pombo, solo, *frente al espejo de la reflexión*; y de vuelta a casa, escribe hasta las cinco y media o las seis de la madrugada. Suele escribir sobre papel amarillo y en tinta roja. Y le gusta firmar de modo diferente cada vez:

El que firma diferente revela que es un ser original consciente y evolutivo, mientras que el estafador firma siempre igual porque lleva meses imitando la firma de aquel que suplanta.

Los sábados por la noche tiene la reunión con la tertulia de Pombo, hasta cerca de las tres; *después hay que dar cinco vueltas a la Puerta del Sol y muchas noches, dos o tres a la plaza Mayor.*

En 1931 realizó su primer viaje a América, donde sus conferencias alcanzaron un éxito insospechado. Al regresar a Europa dijo que volvía *al único continente que tiene contenido.* En ese viaje conoció a Luisa Sofovich, durante una comida en el Pen Club. Hebrea, divorciada, hija de padres rusos, nacida en Buenos Aires, veinte años más joven que él, se casarán y juntos vivirán en el torreón madrileño de la calle de Velázquez, aunque Ramón teme *una venganza andaluza de la muñeca de cera.*

En 1933, nuevo viaje a Argentina. Y cuando vuelven a Madrid, Luisita enferma gravemente; en plena angustia, escribe su espléndida biografía de El Greco, *para cubrir gastos.* Intenta resucitar la tertulia de Pombo, pero los *intelectualoides de la República* —escribirá, dolido— *olvidan este mundo que conservaba el ideal.*

Al estallar el Alzamiento, Ramón no sale de casa en varios días y coloca la librería del diccionario enciclopédico frente a la puerta, *porque no sabía quién podía venir a matarme.* Con el pretexto de asistir al congreso de los Pen Clubs en Buenos Aires, sale del

Madrid republicano. Escribe en la prensa argentina, da conferencias. En 1944, le contratan en *Arriba* cuatro artículos al mes; también publica greguerías en *ABC.* En 1949, invitado por el Ministerio de Educación, viene a Madrid con su esposa y se le rinden homenajes constantes. Pronuncia en el Ateneo una conferencia sobre *La magia de la literatura* y otra vez sorprende con su originalidad:

Usé un truco final que llevaba preparado desde Buenos Aires, un torso de maniquí de cartón vestido y encorbatado lo mismo que iba yo, con dos huecos para sacar los brazos y sin cabeza y que en el momento final me puse sobre los hombros, quedando descabezado, mientras enarbolaba un bock que imitaba un cráneo con asa. Y en esa actitud definí lo que es un escritor: un mártir que ofrece a los demás la embriaguez de sus invenciones, pero que cuando busca su boca para beber él también, no la encuentra porque la copa que ofreció a los demás era su propio cráneo.

Murió el 12 de enero de 1963 en Buenos Aires. El conde de Mayalde, a la sazón alcalde de Madrid, gestionó el traslado de sus restos a la capital de España y fue enterrado en el cementerio de San Justo, en la misma tumba de Larra. Aquella adonde, en sus años mozos, peregrinaba con otros escritores para rendir homenaje a *Fígaro.*

Había dicho, poco antes de morir: *Acabaré en mendigo muy conocido.*

Y se había definido así:

Yo soy el cuerdo más loco del mundo y por lo tanto, soy el antiloco porque veo con clarividencia quiénes son los locos y cómo engañan al mundo, valiéndose entonces del madrugarnos y acusarnos de locura.

JARDIEL PONCELA Y FERNÁNDEZ FLÓREZ INTERCAMBIANDO IMPRESIONES Y LAMENTANDO NO PODER INTERCAMBIAR NADA MEJOR.

III

JARDIEL PONCELA

Conocí a Enrique Jardiel Poncela pocas semanas antes de que muriese. Pero ¿estaba todavía vivo aquel ser trémulo, con el rostro hecho pura arruga, los ojos hundidos, la voz mínima, que me recibió en su ático de la calle de Infantas? El piso, a oscuras; quizás le habían cortado la luz por falta de pago. Iba y venía, al aire la negra melena, su hija mayor, Evangelina, solícita con el enfermo. Se escuchaba el silencio. Todo quedaba lúgubre, premonitorio. Había concertado yo la cita para hacerle una entrevista. Me aterra recordar ahora la insolencia de una de mis preguntas:

—¿Cuáles son sus proyectos?

Y la dolorosa respuesta:

—Ir tirando...

Pues bien; aunque pareciese un sarcasmo, estaba charlando con uno de los más grandes humoristas de este siglo. Con el creador del *teatro del absurdo,* tan imitado después por ahí fuera. Y por aquí dentro, naturalmente. Con el hombre que había revolucionado el humor español, primero desde las páginas (¡cómo no!) de *Buen Humor* y de *Gutiérrez*; más tarde, incorporado como buque insignia a la flota de enormes escritores que integraron *la otra generación del 27*. Un autor que mereció ser plagiado por Noel Coward; pues resulta indiscutible que la famosa comedia de éste, *Un espíritu burlón*, viene a ser la adaptación al inglés (no reconocida) de *Un marido de ida y vuelta*, estrenada varios años antes.

Quizás semejante atraco literario avivó el resquemor de Jardiel hacia los ingleses, que nunca fueron de su agrado. Ellos y los médicos constituían sus grandes rechazos, casi diríamos que sus más constantes odios. Cuenta al respecto su biógrafo, Miguel Martín (discípulo, amigo, admirador), una deliciosa anécdota, en la que confluyen ambas antipatías. El día de Nochebuena de 1949, Jardiel Poncela se sintió mal. Ingirió a porrillo un lote de pastillas que él mismo se recetaba, con lo que sólo consiguió sumirse en una febril inconsciencia, en un colapso que obligó a sus familiares a llamar al médico.

Acudió presuroso el doctor Suils, amigo, admirador e ¡inglés!, quien celebró la inconsciencia de Jardiel, pues sabía que, de haber estado en sus cabales, le hubiese rechazado sin contemplaciones. Decidió inyectarle fuertes dosis de penicilina y la crisis remitió a las pocas horas. Enrique se incorporó levemente de la cama; vio, entonces, sobre la mesilla de noche, el frasco de penicilina. Hecho un basilisco, sacó fuerzas de flaqueza para mascullar:

—¡Si llego a estar despierto, no me hubieseis puesto esa porquería!

Y como le razonaran que gracias a ella se había recuperado, sentenció:

—¡Ni hablar! Estoy mejor *a pesar* de la penicilina. Que la descubrió un inglés llamado Fleming; el cual, como buen británico, habrá atacado a traición a los microbios...

Era su costumbre, a falta de prescripción facultativa, suministrarse una medicación sui géneris, según su leal saber y entender. Hizo por ello gran amistad con un farmacéutico, madrileño y guasón, y en la botica se divertían tomándole el pelo al público presente.

—Por favor, un chato de Ceregumil —pedía Jardiel.

—Volando, caballero.

Servía el boticario una ración del medicamento y preguntaba, muy serio:

—¿Algo para picar? Tenemos aspirina, optalidón hecho en casa, quinina del Cantábrico...

—Si está fresca, prefiero la aspirina.

Ante el asombro de la clientela, el farmacéutico le servía la aspirina en un platito, con el correspondiente palillo. Intentaba él pincharla en medio de la general expectación, para terminar cogiéndola con los dedos y excusarse:

—Perdonen la grosería, pero es que los palillos cada vez traen las puntas más mochas.

Bebía el *chato* y se tragaba la píldora con deleite; después preguntaba:

—¿Qué le debo?

—Ochenta céntimos, caballero.

—Ahí va una peseta. Quédese la vuelta.

—¡Veinte al bote!

Los mancebos coreaban:

—¡Graaa...cias!

Y los clientes, obvio, se frotaban los ojos ante el sorprendente espectáculo.

La otra bestia negra de Jardiel fueron los críticos teatrales. Con toda la razón, pues la mayoría de ellos le vapulearon de manera inmisericorde. En realidad, solamente Alfredo Marquerie fue capaz de comprender desde un principio el mérito de aquellas obras que inventaban un género atrevido y disparatado, a la vez que poético y lleno de intuiciones. También Eugenio d'Ors elogió sus comedias *que nos fuerzan mucho a pensar, después de habernos forzado mucho a reír*. Pero la inmensa mayoría de la crítica de su tiempo no le entendió y rechazó con furia, con violencia salvaje, sus estrenos, llegando en ocasiones hasta el insulto.

No era Jardiel persona que se resignase ante las injusticias; así que puntualmente replicó al ensañamiento de semejantes necios, sin regatear desprecios contra su beocia. Con frases como éstas:

- El crítico, al acudir a los estrenos, entra en el teatro llevando casi siempre un prejuicio y casi nunca sale llevando un juicio.
- El crítico procede con las comedias como si fueran mujeres y llama *honradas* a las que nos hacen bostezar de aburrimiento.
- Lo mejor de un autor es siempre lo que tiene de crítico. Lo peor siempre del crítico es lo que tiene de autor.

De haber vivido un siglo antes, Jardiel hubiese tenido que disputar en lo que entonces llamaban *campo del honor* muchos de sus virulentos desplantes contra los grupos hostiles a su obra. Porque, como recuerda López Rubio, tuvo algo increíble que no tuvieron otros autores de su momento: enemigos. Enemigos sin la menor razón. Resueltamente opuestos, furiosamente contrarios. Que le regatearon hasta su originalidad; fueron los mismos que, negándole el pan y la sal como autor *del absurdo*, enloquecieron años más tarde cuando ese mismo teatro llegó a España firmado por Ionesco.

Pequeño de estatura, fumador incansable (a una tontaina que le preguntó si fumaba en boquilla para ir alejándose del tabaco, le respondió: *No, señor. Lo hago para que los imbéciles me lo pregunten*), escribía siempre en los cafés; calculaba que había pasado en ellos unas *ciento treinta mil* horas de su vida, algo así como cuatro mil días, más de diez años. Podía ser cierto. Se sentía dichoso en aquel ambiente; tanto que, en ocasión de que sus amigos, los camareros, le dedicasen un homenaje, se puso la chaquetilla blanca y la corbata de lazo, agarró una bandeja y estuvo atendiendo a los clientes como si tal cosa.

Su técnica para escribir resultaba asimismo original. Siempre lo hacía a mano, en folios o en cuadernos escolares. Para corregir, en vez de tachar las frases o el párrafo, lo cortaba con unas tijeras, lo reescribía, esta vez en tinta roja y lo pegaba con sindeticón. La mesa del café donde trabajaba se llenaba, por tanto, con los tinteros, varias plumas, cuadernos, tubos de pegamento, las cajetillas de tabaco negro, cerillas y varios ceniceros. Sus *centros laborales* fueron, sucesivamente, el Café Europeo, el Castilla (que estaba enfrente de su casa y fue por ello el que más le duró: hasta que lo cerraron) y el Gijón. Los camareros le admiraban, le querían y en situaciones límite de su economía le hacían préstamos. Alguno llegaba a opinar sobre la comedia en gestación: *Perdone, don Enrique, pero el tercer acto* nos *está quedando demasiado largo.*

Y tenía razón: era el de *Cuatro corazones,* cuyo final se le había atragantado. Lo que no resultaba normal; al contrario, solía escribir de prisa, aunque de manera desordenada. Sólo *se enganchaba* a veces en los finales; urdía tramas tan inverosímiles, que le resultaba difícil darles salida. La noche del ensayo general de *Los tigres escondidos en la alcoba,* que sería su último estreno, mientras los actores repasaban sus papeles, Jardiel, en el suelo, sobre la alfombra del escenario, terminaba de escribir la comedia.

Cuando Rafael Gil decidió llevar al cine *Eloísa está debajo de un almendro,* encomendó a su autor los diálogos de la película. Dos días antes de comenzar el rodaje todavía no lo había hecho. Acuciado por el realizador, se presentó una mañana, a primera hora, en los estudios, se encerró en un despacho con su tintero, sus plumas, sus cuadernos y su sindeticón y se puso a trabajar. De madrugada tenía terminados los diálogos. Por los que CIFESA le pagó medio millón de pesetas, cuando lo normal entonces difícilmente excedía de las 200 000.

Ganó millones y los perdió con facilidad; no sólo en el juego, uno de sus vicios juveniles, sino sobre todo, por arriesgarse como empresario de su propia compañía en giras ultramarinas, que le resultaron desastrosas. Otra cosa fue su paso por Estados Unidos, por Hollywood, donde estuvo en dos ocasiones. La primera, cuando la masiva importación de artistas y escritores españoles, a comienzo de los años treinta; la segunda, al ser contratado para adaptar y codirigir la versión cinematográfica de *Angelina o el honor de un brigadier*. Así resumía su estancia en la que entonces llamaban los cursis *la Meca del cine*:

En Hollywood pasé la mitad del tiempo tumbado sobre la arena, mirando a las estrellas. Y la otra mitad, tumbado sobre las estrellas, mirando a la arena.

Tuvo fama de seductor y en cierta medida, la justificó con sus peripecias sentimentales. Aunque siempre acabó desengañado; de ahí sus amargas frases a propósito del sexo contrario:

- Las mujeres jóvenes americanas beben como cosacos y se despabilan en la cama, con un desconocido al lado.
- Con las mujeres no basta saber cómo, hay que saber cuándo.
- El amor de las mujeres es un timo. ¿Por qué nos extraña que cueste dinero?
- El amor, a semejanza de los catarros, empieza poniéndonos febriles, sigue impidiéndonos salir de casa por las noches y acaba obligándonos a secarnos los ojos con un pañuelo.
- La mujer se cuelga de tal modo del brazo del hombre, que para el hombre, amar es llevar el brazo en cabestrillo.
- El amor es igual que los eclipses de sol: el primero obliga a madrugar para ir a verlo en el obser-

vatorio; el segundo se ve desde el balcón de casa; del tercero se entera uno por los periódicos.

• Cuando se ha querido a una mujer y deja de querérsela, puede hacerse por ella todo menos volverla a querer.

• Un solo amor es siempre demasiado.

• En las mujeres no hay nada personal. Todo es adquirido, inyectado del hombre que aman. Cuando topéis por los caminos del mundo con una mujer de apariencia inteligente, no dudéis en diagnosticar: «Es que ha amado a un hombre inteligente y habla por boca de él.»

• El hombre piensa; la mujer da que pensar.

• El hombre miope se compra lentes; la mujer miope entorna los ojos.

• El pasado amoroso del hombre le sirve a la mujer de garantía; el pasado amoroso de la mujer le sirve al hombre de preocupación.

• El hombre tiene cada año, un año más. La mujer tiene cada año, dos años menos.

(Mal le iría hoy a Jardiel, con el auge y la agresividad de las feministas.)

Sin embargo, también había escrito que don Juan Tenorio era *un coleccionista fracasado, porque no retenía los objetos.* Más aún: *¿Qué diríais del hombre que desde el instante de despertar hasta el momento de dormirse, durante todo el día, a todas horas, sin más descanso que el imprescindible para comer, se dedicase a encender y apagar un mechero automático? Diríais que era un idiota, claro. Pues lo que haría aquel hombre hipotético con el mechero, lo hace don Juan con la mujer.*

Pese a tales opiniones, pese a que siempre rechazó su fama de conquistador, poco antes de morir escribió unos versos que tituló *La lista,* a modo de recordatorio de sus aventuras; lo que hoy se llaman *romances.* En ellos hubo:

Hijas de familia, solteras anhelantes,
empleadas, bailarinas, dos primas estudiantes,
una, nada más que una, gentil peripatética,
cuatro o cinco casadas sin dicha, y las restantes
hasta hacer el total, que suma treinta y cuatro,
fueron todas actrices de cine y de teatro.

Teniendo en cuenta que Jardiel murió a los 51 años, si aceptamos que a los 17 comenzara su carrera sentimental (lo que no dejaría de constituir una indudable precocidad), sale una media exacta de mujer por año. A la que habría que añadir alguna que otra chapuza, no inventariada por el interesado. Aunque lo más sorprendente es que semejante actividad erótica la hiciese compatible con un esfuerzo laboral enorme. Ya que en el mientras tanto, entre romance y romance, escribió cuarenta y ocho comedias, cuatro novelas largas y varias cortas, guiones de cine y una infinidad de artículos y relatos, además de dar frecuentes conferencias.

José López Rubio, que fue gran amigo suyo, y con él convivió en España y en Estados Unidos, decía que para conocer a Jardiel no era necesario acudir a sus biografías ni siquiera a su círculo íntimo: bastaba con leer los prólogos de las ediciones de sus comedias. Pues tuvo la buena idea de explicar, justificar y desmenuzar su obra teatral, cuando aparecía publicada en libro. Y al hacerlo, desnudó su personalidad, en lo bueno y en lo malo, además de reflejar el mundo teatral de su tiempo, retratando a sus figuras con rabiosa sinceridad. Dando nombres y apellidos, tanto para el elogio como para la censura e incluso, para el insulto.

Uno de sus libros menos conocidos ayuda también para situarle ideológicamente, al menos en su postura durante los años de la guerra civil; porque sus entusiasmos de entonces amenguaron cuando aquellos a quienes tanto había ensalzado le agradecieron su fidelidad con ingratitudes. *El libro del convaleciente* se titula esta colección de relatos cortos, aforismos, parodias, cuentos y fantasías, que forman un conjunto de impagables rasgos de humor e incluso de cierta filosofía escéptica. Lo dedicó *a todos los combatientes que cayeron heridos por España* y fue publicado en Zaragoza en 1938.

Según lo habitual en él, un prólogo delicioso nos permite conocer los sobresaltos de Jardiel durante los primeros meses de la guerra, que pasó en Madrid, perseguido, delatado, detenido, refugiado en la Embajada de Cuba y por fin, escapado de la capital de la República. Para comenzar *una nueva época y no digo una nueva era, porque lo de las eras está muy trillado.* No quiere que se diga antes o después de la revolución del 36, sino *antes o después de la mugre.* Lo escribió en Buenos Aires; meses más tarde regresaba a la zona nacional y anunciaba *su* libro sobre los *dirigentes mugrientos* (que nunca llegó a escribir), para el que se le ocurrían estos títulos:

También Azaña se escribe sin hache
FAI + UGT + CNT = RIP
La hez y el martillo

En su deseo de divertir a los heridos que convalecían en los hospitales, chisporrotea su ingenio a lo largo de más de cuatrocientas páginas, con *definiciones* como éstas:

Cigarro. Tubito de papel, relleno de una sustancia indefinible, que sirve para destrozarse la laringe y para entablar conversación con los compañeros de viaje.
Talento. Cosa que todo el mundo elogia, pero que casi nadie paga.
Lunar. Imperfección de la piel que las mujeres nos obligan a admirar.
Escupidera. Cacharro que sirve para echar las colillas alrededor.
Bígamo. Idiota elevado al cuadrado.
Neumático. Lo que se pincha.
Mayonesa. Lo que se corta.
Cuchillo de hotel. Lo que ni pincha ni corta.
Bote salvavidas. Lancha que sirve para que los que se iban a ahogar por separado se ahoguen juntos.
Honor, bolso. Objetos que las mujeres pierden cuando menos lo piensan.
Prohibido el paso. Lugar por donde pasa todo el que se lo propone.
Sombrero de mujer. Receptáculo de colores brillantes dentro del cual van metidos los cabellos y a veces una idea: la de comprarse otro.

Naturalmente, la faceta más conocida de Jardiel es la teatral; por el número de obras que estrenó y por la resonancia que, para bien o para mal, todas tuvieron. Desde éxitos tan grandes como *Eloísa está debajo de un almendro* o *Cuatro corazones con freno y marcha atrás*, a estrepitosos fracasos de la magnitud de *Agua, aceite y gasolina* y *Como mejor están las rubias es con patatas*. Le gustaban los títulos largos y los repartos muy nutridos, lo que hoy hace difícil la reposición de sus comedias. Aunque cuando alguien se arriesga a hacerlo —Gustavo Pérez Puig en el teatro Español de Madrid, hace ya ocho meses y la obra sigue en cartel cuando esto escribo—, el éxito resulta desbordante.

Su teatro es dinámico, mágico, con sorpresas continuas, enredos en las entradas y salidas de los actores, seres extraños. En sus comedias sintió especial predilección por los personajes de médicos, generalmente para zaherirlos *(Los oculistas y el cine son las dos industrias que más dinero rinden por estropear los ojos. El espiritismo se inventó para ver si los médicos podían hablar con su clientela)* y por los mayordomos y criados *(Los porteros, criados y jardineros son enemigos a los que se les da un sueldo por odiarle a uno).*

En los arrolladores diálogos de sus obras, dignificó la gracia verbal del chiste:

—Me encuentro a los cuarenta sin poder dar de comer a mis hijos.

—¿Cuántos tiene usted?

—Ninguno. Por eso digo que no puedo dar de comer a mis hijos.

O este otro diálogo:

—¿Está usted seguro de no tener heridas?

—Yo, por más que me toco, no me encuentro ninguna.

—¿No las tendrá debajo de la ropa? Las heridas se tienen siempre debajo de la ropa.

O la réplica inesperada:

—Me llamo Elías Corujedo.

—Hace usted bien.

La cultura de Jardiel era muy amplia; hablaba el francés correctamente y sentía gran interés por su literatura. Aunque tampoco nuestros vecinos del Norte se salvaron de sus ironías. Al escritor galo Maurice Dekobra, buen amigo, le dijo un día:

—Los franceses tenéis la costumbre de mantener diálogos de monólogos y eso es muy pesado.

—*Mais oui* —aceptó Dekobra.

—¿Ves? Sobra el *mais.*

En la misma conversación, el francés dijo, en determinado momento:

—Pienso que el español suele recurrir, para el amor, al oficio más antiguo del mundo.

—Supongo que te refieres a la caza.

—No, Enrique: a la prostitución.

—Ése es el segundo oficio en antigüedad, porque con el estómago vacío, los antiguos no estarían para muchos trajines. Ten en cuenta que para llevarse al huerto a Adán, Eva utilizó una manzana...

La anécdota la cuenta Miguel Martín, que estaba allí. Este magnífico escritor, que tanto conoció a Enrique Jardiel Poncela, comenta al final del espléndido libro que le ha dedicado las contradicciones que se dieron en el entierro del humorista, aclamado a partir de aquel mismo momento por muchos de los que en vida le vituperaron. La comitiva fúnebre partió de la calle de Infantas, cruzó la plaza del Rey y, por Barquillo, salió a la de Alcalá. Y en cruel paradoja, el duelo del escritor muerto en la más absoluta pobreza, se despidió en la mismísima puerta del Banco de España.

IV

AGUSTÍN DE FOXÁ

Agustín de Foxá, conde de Foxá y marqués de Armendáriz, uno de los intelectuales españoles más brillantes de este siglo, fue también de las personas con mayor sentido del humor que recordarse puedan. Aunque, curiosamente, apenas lo manifestase en su literatura; siempre, en cambio, en su vida. Haciendo buena aquella definición de Fernández Flórez, recuerden, *el humor es la sonrisa de una desilusión*; pues muchas lágrimas debió de tragarse para no cambiar la sonrisa cuando en su más querida intimidad padeció amarguras, desilusiones y desaires sin cuento.

Nacido en Madrid, en 1906, estudió en el Colegio del Pilar, se hizo abogado, como casi todos los jóvenes de su época y opositó a la carrera diplomática; al morir, con sólo 53 años, había alcanzado la categoría de ministro plenipotenciario y estaba destinado en Manila. Antes anduvo por medio mundo, de Francia a Finlandia, de Inglaterra a Bulgaria, de Grecia a Estados Unidos, de Filipinas a Italia, pasando por la mayoría de las naciones hispanoamericanas. Por eso dijo un día: *He recorrido en avión toda la lengua española y puedo asegurar que en nuestra gramática no se pone el sol.*

Bloque cálido de humanidad plena, le llamó Juan Ignacio Luca de Tena. Brillante, desordenado, punzante, tierno, desigual, su anecdotario personal resulta inacabable y revela un excepcional ingenio al servicio de la más fina de las ironías. Encontrándose en La Habana, le preguntó un periodista si se sentía contento en Cuba. *Muchísimo. Ya que me considero ingenioso y Cuba es la única nación del mundo donde un ingenio puede hacer rico a un hombre.*

(Ya saben: *ingenios* se llaman allí los cañamelares, las fincas donde se cultiva la caña de azúcar.)

Durante un almuerzo diplomático, la dama americana que se sentaba junto a él le comentó con retintín que en España siempre se hablaba mal de los yanquis, pero bien que nos gustaban los dólares. La réplica inmediata fue: *Señora, también nos gusta el jamón y no por eso queremos convivir con los cerdos.*

Fue muy amigo de Curzio Malaparte, que en su famoso *Kaput* cuenta cómo en cierta ocasión y durante una comida diplomática (siempre las comidas diplomáticas, que en este caso resultan lógicas) le correspondió al lado la esposa de un embajador de cierto país suramericano, que comenzó a despotricar contra todo lo español, con manifiesta incorrección. Le dijo Agustín: *Pues mire, o desciende usted de españoles o todavía se le notan las plumas de sus antecesores en la cabeza.*

La amistad de Malaparte surgió cuando ambos coincidieron en Finlandia; el gran escritor italiano (que, dicho sea de paso, pese a su nacionalidad, se llamaba Kurt Schuker) estaba pontificando en una reunión de amigos cuando Agustín le interrumpió con un comentario ingenioso que hizo reír a todos. Gentilmente, le dijo Curzio:

—Mira, de no ser Malaparte, me gustaría ser Foxá.

—Pues a mí, de no ser Foxá, me gustaría ser Bonaparte.

En cierta ocasión, una señora (las mujeres le admiraban, con excepción de la propia; quizá por eso le duró poco) le preguntó si era cierto lo que se decía a propósito de su escaso trabajo en el Ministerio de Asuntos Exteriores, donde entonces estaba destinado. Que si llegaba al mediodía, contaba unos chistes y se marchaba sin hacer apenas nada. *En efecto, señora. Es que yo soy el lujo de la carrera.*

El *lujo de la carrera* fue un gran poeta, buen novelista, periodista incisivo y magnífico autor teatral; aunque los árboles de sus ironías, de sus frases oportunas, de su inagotable capacidad para el humor, impidieron a muchos conocer el espléndido bosque de su pluma admirable. En el romance *Un coche de caballos* escribió un verso, el último, que al decir de Rafael Sánchez-Mazas figura entre los mejores escritos en este siglo: *...con un olor de parque dormido entre las ruedas.*

O aquel otro, en el poema que dedicó a Manolete durante el banquete que los intelectuales dedicaron en Lhardy al inolvidable torero cordobés. Cuyos pases naturales eran *como pétalos rojos que se quedaban en el aire.*

Su novela *Madrid, de corte a checa* es una prodigiosa recreación histórica de la España que va desde la agonía del reinado de Alfonso XIII hasta el estallido de la guerra civil. Reeditada recientemente por Planeta, volvió a alcanzar un gran éxito entre las generaciones de lectores que no la conocían. E irritó mucho, por cierto, a los zascandiles que se inventan la reciente historia. En su repertorio teatral figuran títulos tan importantes como *Gente que pasa*, Premio Piquer de la Real Academia Española (en la que ingresó en 1956), *Cui-piu-sing* y, sobre todos, *Baile en capitanía*.

Pero, insisto, lo que ha quedado de Agustín en la memoria de las gentes que le conocieron han sido sus frases brillantes y mordaces; por injusto que esto sea. Aunque se comprende; no tienen desperdicio. Durante su estancia en Roma, una dama le elogió su buen italiano.

—Lo habla usted perfectamente.

—Simplemente, me defiendo.

—Y también ataca.

—No, señora. Atacar lo hago siempre en español.

Cuando Alberto Martín Artajo fue nombrado en 1945 ministro de Asuntos Exteriores, sustituyendo a José Félix de Lequerica, se le planteó el problema de tener que asistir, pocos días después, a la presentación de cartas credenciales del nuevo embajador de la Gran Bretaña, para lo cual necesitaba vestir el uniforme de diplomático. No daba tiempo a hacérselo, ya que los bordados en hilo de oro de la casaca, las bocamangas y las franjas del pantalón requerían, al menos, dos semanas de trabajo.

Hubo que buscar un uniforme de su talla; pero

Artajo era muy alto y muy grueso y ninguno de los que se encontraban le servía. Resultó, curiosamente, que el único que encajaba en su cuerpo era el del ministro saliente, Lequerica, también de elevada estatura y mucho peso. Así que Martín Artajo compareció en el palacio de Oriente con la casaca prestada de su antecesor. Foxá, que figuraba en el séquito, le susurró al oído a un compañero, en plena ceremonia: *Yo sabía que muchos ministros cambian de casaca; pero es la primera vez que veo que una casaca cambia de ministro.*

Por entonces estaba destinado en el ministerio. Regresó a España cierto diplomático, después de muchos años de servicio en el extranjero; tantos, que se había marchado siendo ministro Serrano Suñer. Al volver, ocupaba la cartera Martín Artajo, persona de profundas convicciones religiosas, alto cargo de la Editorial Católica, también llamada *Santa Casa.*

—¿Qué novedades hay en el ministerio? —le preguntó a Foxá el recién llegado.

—Pues mira, que antes, al entrar en el despacho del ministro, se gritaba *¡Arriba España!* y ahora hay que decir *Ave María Purísima.*

En curiosa simbiosis, Agustín era monárquico y falangista; como tal, escribió uno de los versos del *Cara al sol,* que como es notorio, fue obra conjunta de varios poetas y del propio José Antonio. Siempre se manifestó absolutamente leal a Franco. Sin embargo, ambas convicciones ideológicas no impidieron que tanto la Falange como el Generalísimo padeciesen sus ironías. *La Falange es una hija adulterina de Isabel la Católica y de Carlos Marx.*

Y cuando las Naciones Unidas decretaron el aislamiento internacional de España: *Vais a ver la patada que le dan a Franco en nuestras posaderas.*

Estaba en Madrid el 18 de julio del 36; fueron a detenerle a su piso de la calle de Atocha los milicianos. A González Ruano le contó:

Me salvé de milagro. Enseñé el pasaporte diplomático de cónsul de España en Bombay. Creyeron aquellos tipejos que Bombay era mi sede habitual y que ejercía de cónsul en España. Uno dijo: «Bueno, vámonos. De poco nos cargamos a un indio.»

También, en conversación con César, dio su versión de la cultura: *Es un refugio algo pesado, pero cómodo e impune.*

Coincidió el destino diplomático de Agustín en Roma con el exilio de Alfonso XIII, que vivía en el Gran Hotel de la capital italiana. En cierta ocasión, un matrimonio de nuevos ricos con el que mantenía leve amistad, le rogó su intercesión para que el rey los recibiera. Conseguida la audiencia, la señora le manifestó su entusiasmo: *¡Qué señor más simpático y más amable! Además, se nota que es de buena familia.*

En sus últimos años, anduvo solitario y nostálgico. Descuidó el vestir, hasta el punto de hacer famosos los lamparones que solía lucir en sus chaquetas. Estaba demasiado grueso y demasiado triste; la vida parecía importarle ya muy poco. A él, en tiempos tan fervoroso de ella; a él, que participó con entusiasmo en aquellas visitas a los cementerios románticos de Madrid, junto a un grupo de escritores (Gómez de la Serna a la cabeza) que se reunían en las viejas necrópolis para dedicar homenajes a muertos ilustres. A él, que había escrito estos admirables versos:

Y pensar que no puedo, en mi egoísmo,
llevarme el sol ni el cielo en mi mortaja;
que he de bajar, ¡yo solo!, hasta el abismo
y que la luna brillará lo mismo
¡y yo no la veré desde mi caja!

V

WENCESLAO FERNÁNDEZ FLÓREZ

Un dandy, un señorito de La Coruña, soltero empedernido y coqueto hasta sus últimos días. Tanto, que siempre guardó celosamente el secreto de su edad. En los libros de literatura y en las enciclopedias se aventuran distintas fechas de su nacimiento, todas en la penúltima década del siglo XIX. Digamos, pues, que debió de venir al mundo entre 1884 y 1888, por lo que al morir podía tener cumplidos los ochenta. Hay un dato aproximativo: publicó su primera novela *(La procesión de los días)* en 1913. ¿A los veinticinco años, quizás? Podría ser.

Con independencia de su cronología, W. F. F. ha sido uno de los grandes humoristas españoles de este siglo, aunque su literatura tenga poco que ver con *los del 27.* Anterior a ellos en el tiempo, su ironía sutil, fina, resultaba más académica; en cierta medida, más clásica. Gallego por nacimiento, por carácter y por ejercicio, en todo momento tuvo empeño en destacar el punto de tragedia que subyace en el humor:

El humorista tiene la elegancia de no gritar nunca y también la de no prorrumpir en ayes. Pone siempre un velo ante su dolor. Miráis sus ojos y están húmedos; pero mientras, sonríen sus labios.

Vivió muchos años en un piso antiguo de la madrileña calle de Alberto Aguilera, con balcones abiertos al espacioso (entonces) bulevar. Aunque escribía en una habitación interior, pequeña, con un tresillo y una mesa llena de libros. Unas tías ancianas le atendían con mimo; cada mañana comprobaban que hubiese en su cartera diez mil pesetas *para sus gastos.* Y eso, en los años cuarenta/cincuenta, cuando semejante cantidad constituía una pequeña fortuna.[1]

Cierto es que en sus comienzos como periodista, aspirante a escritor famoso, había padecido estrecheces y aun serios apuros económicos. Por lo que siempre insistía en la precariedad del oficio de escribir; especialmente, de escribir en la prensa. Comenzó a hacerlo a raíz de la muerte de su padre, que poco antes se había arruinado con el negocio de librería que regentaba en La Coruña. A los 19 años le nombraron director de *El pensamiento ferrolano.* Su carrera periodística fue ciertamente rápida. Aunque tardase en darle holgura económica; por eso nunca le abandonó el recuerdo de los años difíciles, que reflejó en varias de sus novelas. A lo mejor, también por eso tuvo fama de tacaño. Charlando con él, allá por 1956, me permití preguntarle por qué seguía soltero. Y me confesó:

Los solteros tenemos muchos menos gastos. Tampoco

1. F. Díaz-Plaja, *W. F. F., el conservador subversivo,* Fundación Barrié de la Maza, 1998.

soy persona de aficiones caras; ni me atrae el lujo ni puede decirse que nunca haya tenido vicios, aparte de este de fumar, que es probablemente el más barato...

Claro que en seguida aumentó las razones de su celibato:

A lo mejor dejé pasar el momento oportuno para casarme. Quizás no encontrase eso que llaman la media naranja. Pudo influir también que me gustaron muchas mujeres y no supe decidirme por ninguna en concreto. El matrimonio, en principio, es una buena idea; lo que ocurre es que es una idea que no está bien resuelta...

Hubo, sí, una leyenda de cierto donjuanismo en los años juveniles de Wenceslao. Y otra acerca de un amor imposible. Y una última, ya expresada, sobre su excesiva afición al ahorro...

Como buen gallego, fue amante de la comida, a ser posible compartida con unos pocos amigos. Odiaba, en cambio, los banquetes multitudinarios, que satirizó en varias de sus obras:

¿Por qué razón absurda se ha de demostrar la admiración o el cariño hacia un señor, llevándole a comer a un restaurante? —escribió en *Silencio*—. *¿Qué relación puede existir entre la langosta en salsa mayonesa y el concepto que la muchedumbre tiene de un hombre? ¿Por qué al político que hizo una ley, al literato que escribió un libro, al gobernante que cuidó de los intereses de una provincia, se les hace ingerir, como muestra del deleite público, varios entremeses, un* ragout, *una pechuga de pollo, varias hojas de lechuga y medio litro de agua mineral? Esto es de una incongruencia abominable. Esto no debe continuar ocurriendo.*

Predicó con el ejemplo: era tan grande su abominación de los banquetes, que incluso en cierta ocasión se negó a asistir a uno que daban en su honor. Se lo contó a Fernando Díaz-Plaja:

Claro que es verdad. Cuando me lo propusieron, dije que se lo agradecía mucho, pero que dada mi pública actitud ante esos ágapes, no podía traicionarla acudiendo al mío. No se lo creyeron: ¡usted siempre de tan buen humor!, decían. Me citaron tal día en tal restaurante. Y no fui, por supuesto. Comieron mal, como de costumbre; se pronunciaron varios discursos sobre mi obra y, como homenaje, mandaron a mi madre el cesto de flores que estaba en el centro de la mesa.

W. F. F. aprovechó el detalle cortés en una de sus novelas; aunque añadiendo de su cosecha que, antes de enviar el ramo, lo sacudieron para que cayesen unos huesos de aceituna que allí habían depositado los comensales próximos.

Residenciado pronto en Madrid, como todo escritor que aspirase a la notoriedad, comienza a escribir en *ABC* la información de las sesiones parlamentarias, que antes había corrido a cargo de Azorín. Sus *Acotaciones de un oyente* obtienen un éxito considerable; hasta el punto de que el rey Alfonso XIII tuvo interés en saber el nombre de aquel irónico comentarista, ya que los artículos aparecían sin firmar. Desde entonces, Juan Ignacio Luca de Tena le obligó a hacerlo.

Todavía hoy, las crónicas parlamentarias de Wenceslao se consideran modélicas en el género. Decía él que el cronista, en el Congreso, era como un pescador de caña que, sentado en la tribuna de prensa, esperaba *a que picaran.* A veces no se saca ningún pez que llevar a las crónicas; en otras ocasiones, la pesca es abundante.

Elogiando la persuasión oratoria de don Melquíades Álvarez, escribió que si en alguna ocasión, la cosecha de garbanzos se presentaba escasa, había que llevarle al campo, para que los arengara diciendo: *¡Ah, señores garbanzos!...*

Y a medida que el discurso avanzase, irían brotando tallos, matas, hasta que verdease todo el garbanzal.

De cierto senador vitalicio, muy anciano, dijo: *Es tan viejo, que un día se quedó contemplando el cuadro de* La conversión de Recaredo *que figura en el salón de conferencias y exclamó: «¡Duro golpe para el arrianismo fue aquél! Pero Recaredo no se parece nada, ni san Leandro tampoco.»*

Sentía Wenceslao un absoluto desprecio hacia las prácticas deportivas, que había satirizado en *El sistema Pelegrín*. En 1948, el director de *ABC* tuvo la magnífica idea de encargarle unas crónicas futbolísticas; su ingenio se manifestó en ellas con todo su esplendor. En la primera creyó necesario justificarse:

Mientras decenas de millares de mis contemporáneos acuden ansiosamente a presenciar sesiones de fútbol y centenares de millares escuchan el galimatías de los locutores de radio que transmiten las incidencias de los partidos y millones de seres los comentan con sincero interés, ¿no es vergonzoso que no haya asistido más de una vez a tales pruebas y que no pueda comprender qué quiere decir un «fuera de juego»? Sí, es vergonzoso...

Durante varias semanas, su agudo sentido de la observación le permitió ofrecer visiones inéditas del fútbol. Cuando parecía que todo estaba dicho sobre el tema, inventó la definición de *vicegol* para los chuts repelidos por los postes. Y resaltó la incorporación de las piernas a la industria, mediante la elaboración de puntapiés destinados a conseguir tantos. Aplicó a un guardameta en tarde de aciertos, el parangón con la frase bíblica: *Antes pasará un camello por el ojo de una aguja, que un balón a su red.* Naturalmente, se mofó extensamente de la pasión de los hinchas: *Centellean sus miradas. Enrojecen. Todas sus energías vitales están referidas al balón y a los hombres que lo acosan...*

A Fernán Gómez, que fue a visitarle para adquirir los derechos de adaptación al cine de *El malvado Carabel,* le sorprendió diciéndole que España no es país adecuado para producir películas. No sólo por la baja calidad de muchas de ellas, sino por el mismo comportamiento de los cinematografistas extranjeros que aquí venían:

Unos productores de Hollywood enviaron a España a un prohombre de la industria norteamericana, para defender sus intereses mediante acuerdos, presiones y cualquier otro procedimiento. Naturalmente, eligieron a una persona muy capacitada para tal misión. Pero a los seis meses de permanecer aquí, el consumo de manzanilla y las mujeres españolas, en particular una mujer española, le habían convertido en un español corriente, incapacitado, por tanto, para cualquier labor organizativa. Al poco tiempo, los productores que le habían enviado le hicieron regresar a California.

Hay en la obra de Fernández Flórez una constante crítica de los defectos y los vicios de la sociedad española que le tocó vivir. Lamenta, por ejemplo, que el mayor elogio que se puede tributar a un político sea decir que murió en la miseria y que la condición militar que más enorgullece es la sobriedad del soldado y que los poetas se jacten de sus cenáculos hediondos.

Para la comprensión española —escribe— *el verdadero renovador debe ser un hombre flaco, con los bolsillos sembrados de migas de pan duro, que predique la destrucción de las cocinas del hotel Palace.*

El mundo de las altas finanzas fue otra de sus obsesiones críticas. En *El malvado Carabel* cuenta la patética historia de un empleado de banco, sometido a la tacañería de unos jefes sin el menor sentido social. Famoso es el pasaje de la novela en el que describe la excursión al campo que, magnánimamente, organizan los banqueros de la firma *Aznar y Bofarull* para que sus empleados disfruten de la naturaleza. Sucede, sin embargo, que habituados al sórdido ambiente de la oficina, a sus miasmas, a su ambiente contaminado, cuando bajan del autobús y respiran aire puro, se asfixian, tosen, no pueden respirar, pues les resulta imposible tolerar el oxígeno. Y han de encender precipitadamente sus cigarros y echarse el humo a las narices, para recuperar así la costumbre diaria a la que están hechos.

La antipatía de W. F. F. hacia los bancos surgía de una experiencia personal: el mal trato recibido en ocasión de ir a cobrar una orden de pago por su colaboración en un periódico inglés. Después de recorrer diversas ventanillas, acertó por fin con la de *cuentas corrientes*, donde le dieron un papelito azul con un número.

—¿Y qué hago yo ahora con esta rifa? —preguntó creyendo que se trataba de una broma.

Aclarada la cuestión, esperó pacientemente a que voceasen su número. Cuando lo gritaron y llegó a la ventanilla, el funcionario le preguntó:

—¿Es conocida su firma en este banco?

Con una suave sonrisa, respondió Wenceslao:

—La modestia me impide contestar, señor mío...

Repitió la pregunta el empleado. Y él:

—Hombre, no digamos que soy una celebridad, pero por ahí delante, seguro que hay alguna gente que conoce mi firma. Porque alguien leerá el *ABC*, digo yo...

—Pero ¿tiene usted registrada aquí la firma?

—No, señor.

—Entonces, vaya a que alguien autorice su recibo.

—¿Y quién?

—Alguien que tenga aquí registrada su firma.

—Y si no hago eso, ¿no cobro?

—No, no cobra.

Salió a la calle el indignado Wenceslao, en busca del avalista de su firma. Por fin lo encontró; otra vez en el banco y en la ventanilla.

—No puede cobrar hoy —le comunicó el empleado—. Vuelva mañana.

—¿Y por qué?

—Porque ha cerrado la caja.

—¡Oiga, aquí hay un dinero mío y necesito llevármelo!

—Pero la caja está cerrada.

—¿Quién tiene la llave?

—Yo.

—¡Pues ábrala usted!

—Es imposible, completamente imposible. La caja ya está cerrada, ¿cómo debo decírselo?

Tuvo que regresar al siguiente día. Y por eso reconocía en *Las gafas del diablo* que todas esas tribulaciones le hicieron concebir cierto temor hacia el dinero.

De Wenceslao Fernández Flórez se ha dicho con frecuencia, por la crítica de izquierdas (o sea, por la crítica en general) que fue un conservador; incluso siguen tachándole de *adicto al franquismo*, como si eso tuviera que ver con su calidad literaria. Pero ya se sabe cómo las gastan los pontífices de lo que Ricardo de la Cierva llama *el Frente Popular de la cultura*. Fernando Díaz-Plaja, en su libro *W. F. F., el conservador subversivo* desmonta el tópico, acreditando con numerosos textos la postura liberal del escritor gallego y sus constantes burlas de instituciones tan tradicionalmente respetadas como la Iglesia, la aristocracia, la banca, el capitalismo, el ejército, la moral e incluso la Patria, en su acepción retrógrada.

Pero la estimación de Wenceslao como *escritor de derechas* venía de antiguo. Y por ello, al estallar la guerra civil, que le sorprendió en su domicilio de Madrid, fue perseguido con saña por los milicianos. Le delataron los porteros, un grupo armado fue a detenerle, aunque sorprendente y felizmente salió en su defensa otro grupo, de distinta militancia revolucionaria. La acusación que se le hacía era muy simple, pero letal en aquellas circunstancias: escribía en el *ABC*.

Se refugió en la Embajada de Portugal, que tuvo que abandonar cuando aquel país reconoció al gobierno de Franco. Marchó a ocultarse al domicilio de un amigo, que también hubo de dejar al ser localizado. Le acogió entonces el embajador argentino. Y después, el holandés. Pensaba que así podría salir de la España republicana, en una expedición que, por acuerdo entre ambos países, iba a embarcar en el puerto de Valencia.

Ya en Valencia, la policía le prohibió la salida. El cónsul de Holanda se hizo cargo de él; se alojó más tarde en la embajada belga. Finalmente, el mismo cónsul lo llevó en su coche hasta la frontera de Port Bou, que cruzó con un pasaporte falso, como súbdito holandés. Pero hasta última hora no cesaron sus sobresaltos: cuando estaba almorzando en el hotel Majestic de Barcelona, antes de seguir viaje hacia Francia, alguien que le vio a través de la ventana reconoció su inconfundible perfil, tan popularizado en fotos y caricaturas y denunció su presencia a la policía.

Esta vez le ayudó la fortuna: a esa misma hora, el crucero *Canarias* se acercaba a las costas catalanas, para bombardearlas. Ante semejante amenaza, los policías se olvidaron de la llamada telefónica del denunciante y de la orden de detener a un tal Fernández Flórez, huido de su asilo diplomático, que debía ser interceptado en su viaje. Y Wenceslao pudo finalmente pasar la frontera.

Más de un año duró la angustia del escritor, perseguido en la zona republicana por sus escritos y por quienes posiblemente nunca le habían leído. De aquellos meses sobresaltados, de su triste experiencia como *refugiado* en embajadas extranjeras, extrajo material más que sobrado para escribir la novela *Una isla en el mar rojo*, en buena medida autobiográfica. Y en la que sí que adopta una clara postura frente a la guerra civil, totalmente adversa al gobierno republicano. A nadie puede, sensatamente, extrañar semejante actitud.

Al terminar la guerra, sin embargo, no pretendió rentabilizar sus peripecias, por otra parte iguales a las de tantos otros ciudadanos. Volvió a sus libros y a sus colaboraciones periodísticas, al margen de la política. A pesar de su antigua amistad con Franco, que se remontaba a los años juveniles de ambos en La Coruña. Cuentan que el Generalísimo le vio un día en la plaza de toros de las Ventas y le hizo llegar recado para que fuese a visitarle. Acudió Wenceslao al Pardo y le preguntó el Caudillo:

—¿Cómo no has venido antes?

—Porque no tenía nada que pedirte.

El humor de Fernández Flórez nunca desmintió su origen celta; tuvo más de humor británico que del típico español, es decir. Algo parecido le ocurre al de Julio Camba, gallego también. Quizás por eso no encajó en el nuevo estilo que instauraron en plena posguerra los humoristas *del 27*, los de *La Codorniz*. Fue llamado para colaborar en la revista, pues nadie discutía su magisterio; pero lo hizo pocas veces y siempre en contraste con el rompimiento de las fórmulas tradicionales que instigaba el semanario de Mihura. El surrealismo, el disparate, el absurdo no iban con Wenceslao.

Que fue siempre pulcro en el lenguaje, moderado en la sátira, fino en la ironía. Y que también siempre tuvo presente su visión del humor como velo de la amargura. Quizás donde mejor se refleja esta idea sea en los párrafos finales de *Una isla en el mar rojo*. El protagonista (que es él) después de sufrir persecución en la zona republicana y de estar encerrado meses en una embajada, logra pasar a la zona nacional. Ya en ella, durante un viaje coincide con un desconocido; surge en la conversación de circunstancias el nombre de Rivas.

Resulta que Rivas es el jefe de su vecino de asiento, el cual cree que lo han asesinado en Madrid; por lo que cuando termine la guerra y pueda reincorporarse a su trabajo en el ministerio, ascenderá inmediatamente, ya que ocupa su siguiente puesto en el escalafón. Pero el reciente evadido le comunica la sorprendente noticia: Rivas no ha muerto. Lo dejó sano y salvo, en la embajada. Entonces, el vecino de viaje, anonadado, con la desilusión brincando en sus palabras, comenta:

¡Un hombre como Rivas! ¡Tan de derechas, tan católico, con un cargo de tanta categoría en la Administración! ¿Y dice usted que sigue vivo? Pero entonces, ¿a quiénes matan estos miserables...?

La amargura en el humor; el escepticismo de Wenceslao acerca de la condición humana. Tardó poco en recuperar una ironía menos triste, más constructiva. Y en sus siguientes novelas, volvió a la sagacidad, el sentido crítico, la tierna melancolía que siempre distinguieron su obra. La obra de un humorista singular, aunque, ya saben, dicen los bolonios que *muy de derechas*.

TONO Y MIHURA DISPONIÉNDOSE A
ESCRIBIR "NI POBRE NI RICO SINO
TODO LO CONTRARIO".

VI

TONO

Antonio de Lara Gavilán, que así se llamaba Tono al completo, vino al mundo en 1896 en la sierra de Cazorla, cerca de las fuentes del Guadalquivir. Muchos años más tarde, estaba en Córdoba con Pepe López Rubio y después de quedarse un rato mirando en silencio el paso de la corriente, comentó: *¡Y pensar que a este río le he visto yo nacer...!*

De su propio nacimiento también ofreció su peculiar versión:

Del nacimiento, como es cosa que está al alcance de cualquiera y como todos hemos nacido igual, no puedo dar ninguna referencia sorprendente. Pero en fin, si puede servir de algo el día de mañana (que creo que es lunes) diré que nací en Jaén. Crecí, poco más o menos, también como todo el mundo y me trasladaron a Valencia, donde hice mis primeras armas en el periodismo, o en la vida artística, si se quiere, en los periódicos regionales. En mi primera etapa me firmaba Lara, que es mi apellido y el de ustedes.

Nada se sabe de su infancia ni de sus años adolescentes. Se ignora si hizo el servicio militar y el bachillerato: parece que no. En una de sus comedias incluyó este diálogo:

—Y usted, ¿cómo sabe tanto?

—Pues porque en lugar de hacer el bachillerato, me puse a estudiar.

Lo cierto era (y de esto sí que puedo dar testimonio) que de vez en vez se le escapaba una falta de ortografía. Como aquella tarde en que estaba escribiendo una carta y Cloti, su mujer, le advirtió:

—Tono, que vaso se escribe con *uve* y lo has puesto con *be* alta.

—Es que este vaso está lleno.

Así de rápido, de improvisado, de fulgurante era su humor. Y su inteligencia natural, sus intuiciones, su ingenio, a pesar de no haber cursado las disciplinas habituales. Llegó a formarse una cultura quizás especial, singular; por eso se permitía escribir cosas como ésta:

El libro es el pan del espíritu. Toda persona que quiera alimentar el espíritu, debe leer un libro. Yo leí uno, una vez, y no estoy arrepentido de ello.

Sin haber ido a la escuela, comenzó a interesarse por lo que muchos aprendimos en ella, hojeando los libros de su hija. Y se puso a escribir sobre aritmética y sobre geografía y sobre ornitología, con el gozo de tratar unos temas que acababa de descubrir. Por ejemplo, la medicina. Los médicos surtieron muchos de sus *monos*: *Doctor, tengo la vista tan cansada, que siempre la tengo que tener encima de una silla.*

Otro: *Según los síntomas que usted presenta y si este libro no está equivocado, usted está muerto.*

Diálogo entre doctor y paciente:

—¿Se le duermen a usted las piernas con frecuencia?

—Sí; en cuanto las acuesto.

—¿Se le va alguna vez la cabeza?

—Sola, no. Siempre voy con ella.

Otro de médico y enfermo:

—¿Usted fuma?

—Sí, señor.

—Bueno, pues después me dará un cigarrillo.

Un último de galenos. Mientras le ausculta dice el doctor al enfermo: *Es una lástima que no tenga usted pulmonía, porque es de lo que más entiendo.*

Allá por los años veinte, en plena *belle époque*, se fue a París, dibujó en revistas femeninas, hizo carteles de publicidad magníficos, acogidos a su definición de lo que ahora llaman *pósters*, que según él debían ser *un grito en la pared* y llevó vida bohemia. A saber y en su versión, eso consistía en dejarse el pelo largo, comer poco, no trabajar apenas y conquistar a muchas señoras. La verdad es que él trabajó mucho, vistió siempre con elegancia, era extremadamente limpio y andaba siempre perfumado; lo cual le propició el natural éxito entre las damas, porque además se trataba de un buen mozo, muy agraciado.

Un día fue a visitar a un viejo amigo, también pintor, que llevaba ya años en Francia con buena fortuna. Subió trabajosamente los seis pisos de su vivienda, hasta llegar a la buhardilla. Cuando su amigo le abrió la puerta, le comentó, resoplando de cansancio: *Ya veo que, en efecto, has llegado muy alto...*

Al regresar a Madrid, se lo disputaron las revistas de las que tanto hablamos, *Buen Humor* y *Gutiérrez* y además, *Nuevo mundo* y *La esfera* y aquel anticipo de los actuales semanarios del corazón, que fue *Elegancias*. Ganó mucho dinero y seguiría ganándolo a lo largo de su vida, con los naturales altibajos. Pero jamás tenía un duro. Caprichoso, infantil en sus manías, era capaz de gastarse el importe de una colaboración en polvos de talco, porque el frasco le había gustado mucho.

Precursor del bricolaje, inventó muchas cosas. Que generalmente ya estaban inventadas o no servían para nada. Claro que a él le servían para divertirse; porque Tono vivía en perenne diversión y se le ponían los ojillos pícaros y le entraba la risa antes de sorprendernos con el chisporroteo de su humor, como un anticipo de lo que se le estaba ocurriendo.

—No se pueden pedir peras al olmo.

—¿Por qué?

—No sé. Debe de estar prohibido.

Se fue a Hollywood, contratado por la Paramount, a comienzos de los años treinta. A poco de llegar, la productora americana dejó de realizar películas en castellano, aunque abonó puntualmente la totalidad de sus sueldos a los artistas y escritores españoles a quienes había contratado. Casi todos regresaron; pero Tono prefirió quedarse en Los Ángeles, sin hacer nada, gastándose los dólares en cuatro automóviles y tres perros. Hizo amistad con Charlot, que le encargó un cartel para *Luces de la ciudad*; nunca encontró tiempo para dibujarlo.

Muy repetida ha sido su anécdota con Einstein; coincidió con él en una fiesta que dio Chaplin y a los amigos españoles les sorprendió verle junto al sabio, en un aparte, charlando sin parar.

—¿Y qué le has dicho?

—Que todo es relativo.

En cierto modo, también fue descubridor, no de la teoría de la relatividad, pero sí de un nuevo estilo en las caricaturas, aprovechando los trapecios isósceles para trazar con regla y compás sus dibujos. En la revista *Crónica* fue publicando, durante muchas semanas, recortables con instrucciones para doblarlos y pegarlos, de modo que se convertían en elefantes, leones, conejos, cocodrilos, en una insólita versión de la papiroflexia. Fue supliendo su falta de formación académica con una curiosidad inagotable; un día llamó a su querido Antonio Mingote:

Me he enterado de que hay un número que se llama pi *y no me lo puedo creer. ¿Qué sabes tú de ese asunto?*

Antonio le explicó para qué podía servir el numerito dichoso; por ejemplo, para solucionar el problema del radio de una rueda de bicicleta.

Bueno, yo soy demasiado mayor para ponerme a hacer cálculos matemáticos con un número que se llama de manera tan ridícula y no tengo el menor interés por averiguar la circunferencia de una rueda de bicicleta. Además, ni siquiera tengo bicicleta.

Con López Rubio entró una mañana en una ferretería de la calle de Peligros. *Deme una lima muy grande. Es para meterla dentro de un pan que le voy a llevar a un amigo que está en la cárcel Modelo...*

Durante la guerra civil vivió en San Sebastián; además de colaborar en *La Ametralladora*, dirigió *Vértice*, una revista de extraordinaria calidad. Después, siempre con Mihura entró en la redacción de

La Codorniz, que acababa de nacer. La portada del primer número fue suya: Una señora se encuentra con un caballero por la calle y le dice:

—¡Caramba don Jerónimo, está usted muy cambiado!

—Es que yo no soy don Jerónimo.

—¡Pues más a mi favor!...

En la colección del inmortal semanario han quedado historietas, cuentos y *monos* suyos inolvidables. Un caballero, en una exposición de pintura, le dice al artista: *Acabo de ver su naturaleza muerta y le acompaño a usted en el sentimiento.*

Un pescador, acompañado de su esposa, le está explicando a un amigo: *Mi mujer se empeña en acompañarme a ir a pescar, porque dice que yo no entiendo bien si el pescado está fresco o no.*

Un viajero en el compartimiento de un tren, rodeado de señoras que fuman como chimeneas: *Perdón, señoras. ¿Les molesta el olor de los caramelos?*

Arturo Serrano, el empresario del teatro Infanta Isabel de Madrid, le animó a seguir escribiendo teatro, después del controvertido éxito de *Ni pobre ni rico.* Inventó entonces lo que llamaría *funciones*, comedias con título de retruécano y escaso argumento, pero con diálogos rebosantes de su humor, el humor inteligente, agudo, jamás hiriente. Estrenó *Rebeco, Guillermo hotel, Julieta y Romeo Martínez, Tita Rufa, La viuda es sueño, Francisca alegre y Olé*. De uno de los diálogos de ésta:

—¿Usted qué es?

—Otorrinolaringólogo.

—¡Ah, sí! Vasco.

También dirigió cine; dos películas, de las cuales

y como suele suceder con los humoristas, la primera fue dramática. Por supuesto, no le gustó a nadie. Pero atravesaba uno de sus momentos estelares; *Semana* le mandó de enviado especial a la Feria de Nueva York, y sus crónicas, con ilustraciones de Mingote, resultaron admirables. En uno de sus alardes de inventiva, aplicó en el volante del *seiscientos* que acababa de comprarse, una manija adosada que, según él, le permitía conducirlo con una sola mano. A punto estuvo de estrellarse el día que lo estrenó.

Cenábamos, casi a diario, en una tasca de la calle de Galileo, *La Zamorana*, junto con Mingote, Fernando Díaz-Plaja, Ángel S. Covisa, Renato Cottet, Edgar Neville (que venía para sobrealimentarse, después de haber comido el menú reglamentario de la clínica dietética en la que estaba sometido a severo régimen) y donde alguna que otra noche también aparecía Mihura. Los sábados nos íbamos después a mi casa a jugar al póquer, un póquer baratísimo. Tono perdía casi siempre, a pesar de lo cual, le entraba la risa. Especialmente cuando pagaba sus pequeñas deudas (quinientas, mil pesetas) con letras de cambio. En las que introducía una curiosa variante a la fórmula habitual de tales efectos: *No pagaré por esta segunda, no habiéndolo hecho por la primera, ni tampoco pagaré por la tercera...*

Era un gourmet delicado, que además presumía de cocinero. Efectivamente, dominaba algunos platos de alta cocina, como el *porco a la lentegiana* y *la soupe l'oignon*, que por supuesto, elaboraba de modo singular, usando, a falta de horno, una estufa eléctrica para darle su debido punto. También introducía insospechadas novedades en la paella, que a pesar de todo, le salía muy rica. Disfrutaba de lo lindo metido en estos berenjenales gastronómicos; en realidad, disfrutaba con todo, porque amaba la vida profundamente.

Y casi convenció a Luis G. Berlanga para que pintase de negro el fondo y los laterales de la piscina de su casa porque, según sus investigaciones en física y óptica, había llegado a la conclusión de que así atraería mejor los rayos del sol y el agua estaría siempre caliente. Luis, finalmente, no se decidió a llevar a cabo el experimento, como puede suponerse.

—Mi hija, aquí donde usted la ve, pudo casarse con un duque.

—¿Y por qué no se casó?

—Porque no quiso el duque.

Un señor a otro:

—¿Me hace el favor de decirme la hora que es?

—Sí.

—Gracias.

En un salón, una señora filosofa: *A los hombres no hay quien los entienda, marquesa. Hoy ha venido uno a casa y me ha hablado en sueco.*

Un señor muy grueso se dirige al director del teatro de la Ópera: *He leído que para la nueva obra necesitan ustedes un bajo. ¿No necesitarán también un gordo?*

Le convencimos para que abriese una cuenta en cierta sucursal del Banco de Madrid, cuyo director era buen amigo y por consiguiente, alguna ventaja conseguiría. Pero al cabo de un tiempo nuestro amigo fue cesado, en una de esas decisiones drásticas que toman los altos financieros. Al enterarse, Tono se indignó muchísimo. *¿Que han cesado a Luis?*

¡Es intolerable! ¡Mañana mismo me paso por la agencia y me llevo todas mis deudas!

Fue toda una determinación.

—En mi lugar, más de cuatro hubieran tomado una determinación.

—¿A qué llamas más de cuatro?

—Yo le llamo más de cuatro a cinco.

Baroja había hablado de *la obra seria, valga la paradoja, del humorismo.* Ese humor verdadero, congénito, consustancial con la persona, era el de Tono. Dice Mingote que inventó la gracia a bote pronto y del revés, la gracia sin raqueta y sin pelota, porque la gracia era él mismo. Por eso encontró su justa ubicación en *La Codorniz* del señor Feliu, don Venerando, Purita y los señores barbudos de Herreros. Y en aquel teatro con personajes insólitos, que decían tales absurdos, que los públicos severos, habituados a los colmos y los chistes de suegras, no tenían más remedio que indignarse. Porque siempre se rió de la estupidez, de la rutina, de las frases hechas, de los tópicos y de la cursilería.

—A mí, el café me quita el sueño.

—Pues a mí me pasa lo contrario: el sueño me quita el café.

Alguna vez también jugó con el que llaman humor negro. Un condenado a muerte le dice al verdugo: *Haga usted el favor de llamar al 24743 y diga que esta noche no me esperen a vivir.*

El verdugo en el cadalso y empuñando el hacha, pregunta al condenado:

—¿Qué va a ser?

—Cortar la cabeza.

Y en la peluquería:

—¿Cómo quiere que le arregle el pelo?

—Sin hablar.

Estudio de un pintor, que le muestra al visitante un cuadro espantoso:

—Ésta es mi última obra.

—Menos mal.

En la puerta de un hotel, un hombre uniformado le dice a un señor de paisano:

—¿Que le busque un taxi? ¡Caballero, yo no soy el portero del hotel! Soy un almirante.

—Pues entonces, búsqueme un acorazado.

Y la última de un médico, al que su paciente le pregunta: *Tengo una horrible duda, doctor. ¿Me dijo usted que tomara veinte gotas después de cada desayuno o veinte desayunos después de cada gota?*

En el semanario *Don José*, donde también colaboró, le sucedió algo tan divertido, que le gustaba contarlo de continuo. Envió un *mono* que consistía en un recuadro totalmente en blanco; el pie decía: *La verdad es que no somos nadie, doña Enriqueta.* Cuando pasó a cobrar, el administrador pretendía no pagárselo, *porque se olvidó del dibujo.* Está claro que hasta en las revistas de humor, los encargados del dinero son gente atravesada.

Tono pasó por la vida sin dañar a nadie, sin causar molestias a nadie. Era un hombre fundamentalmente bueno, cuyo humor jamás fue agresivo ni tuvo malicia. Tenía la misma edad que mi padre; y sin embargo, me parecía más joven que yo, por su constante jocundidad. No se tomó nada en serio; ni siquiera a sí mismo. Por eso bien puede decirse de él que constituye el más palmario ejemplo del auténtico humorista. En su obra y, más todavía, en su propia existencia.

VII

MIGUEL MIHURA

Nada más nacer, me di cuenta de que mi madre hablaba en andaluz, mi padre hablaba en andaluz y mi hermano Jerónimo hablaba en andaluz. Y decían cosas saladísimas y se reían mucho. En esta casa, me dije, lo puedo pasar la mar de bien. Y también empecé a hablar en andaluz. Parecía que estábamos en una caseta de la Feria de Sevilla.

Así contó Mihura en un libro su venida al mundo. En sus *Memorias* daba una versión distinta, aunque no menos divertida.

Cuando yo estaba a punto de nacer, Madrid no estaba inventado todavía y hubo que inventarlo precipitadamente para que naciese yo y para que naciese otro señor bajito, cuyo nombre no recuerdo en este momento y que también quería ser madrileño [...] *Yo había decidido nacer en Madrid porque pensé que era el sitio que me cogía más cerca del bar Chicote. Hubiera podido nacer en Burgos o en Sevilla, porque ambas capitales estaban terminadas ya; pero esto me hubiera pillado muy lejos para ir a tomar el aperitivo.*

Pues sí; la verdad es que nació en Madrid, en

1905, este Miguel Mihura, que a quienes no le conocían podía parecerles un señor que se hubiera puesto triste de tanto esperar el autobús. O un cascarrabias; porque tenía cara de eso. Saludaba siempre lo mismo, dándole a la frase un especial tonillo de chuleta madrileño: *¡Hola, hombre...!*

Y cuando le contábamos algo, por inaudito que fuera, comentaba tan sólo, sin levantar para nada la voz, como con cierto infinito asombro: *¿Ah, sí...?*

Estudió bachillerato en el colegio de San Isidoro y a los ocho días de terminarlo ya no se acordaba de nada de lo que había estudiado. Daba sus razones: *Para lo poco que salgo de casa, me tiene sin cuidado saber dónde está el mar Rojo; me interesa mucho más saber dónde está El Corte Inglés.*

Su padre, que había sido actor y autor y andaba embarcado en negocios teatrales, metió a Miguelito en la parte administrativa, las nóminas, las tablillas, los contratos. Por lo que tuvo que salir de gira con la compañía paterna y el teatro comenzó a apoderarse de él. Al morir su padre, se dedicó a dibujar chistes, con sus pies, en los semanarios pícaros de la época, llamados a la sazón eufemísticamente, *galantes*. Entró después en *Buen Humor*; allí conocería a los tantas veces nombrados Jardiel, Tono, López Rubio, Neville. Con ellos pasó después a *Gutiérrez*; entre todos surgió una amistad que perduraría para siempre. Y, no habrá que repetirlo, acabaron integrando la también reiterada *otra generación del 27*.

En sus comienzos, Mihura tan sólo dibuja *monos* e historietas, con un estilo inconfundible, señores con barba y levita, señoritas de largas pestañas. Participa, naturalmente, en una de las constantes del grupo: la obsesión por desterrar el tópico, la ñoñez, los prejuicios. Así que en uno de sus chistes, una señora voluminosa grita, llena de indignación, a su marido:

¡Traidor! Me marcho a Bilbao a pasar una temporada con mi familia, regreso de improviso a altas horas de la madrugada y en lugar de encontrarte de juerga, acompañado de bellas mujeres, te encuentro estudiando trigonometría acompañado de tu severo profesor.

Un pobre entrega un papelillo a una mujer: *Tome, señora; y no olvide que cien cupones como éste, le dan derecho a una limosna completamente gratis.*

Una dama gorda le dice a un escultor que, subido a una escalera, está dando los últimos toques a una gigantesca estatua ecuestre: *¡Pero cuidado que es usted mañoso! ¿Y también sabe hacer ceniceros?*

Frente al tablero de ajedrez, el jugador le pregunta al médico que tiene al lado: *Doctor, ¿cree que me hará daño comerme esta torre?*

En ésta su primera época, firmaba con el segundo apellido, Santos, y también, Lilo. Pronto comenzó a escribir cuentos. Cuando sus entrañables camaradas dieron el salto a Hollywood, no pudo acompañarles porque padecía una grave dolencia tumoral en la cadera, que le obligó a guardar cama muchos meses, dejándole para siempre una visible cojera. Empezó entonces a escribir guiones cinematográficos para cortometrajes, por supuesto, desde el humor *(Una de fieras, Una de miedo)* y en 1935, su primera comedia, *Tres sombreros de copa,* que tardaría casi veinte años en estrenarse: a los empresarios les asustaba aquella farsa dislocada, con diálogos disparatados y personajes absurdos. Cuando en 1953, un jovencísimo director, Gustavo Pérez Puig, decide montarla con una compañía de teatro universitario, el éxito es clamoroso. Pasa en seguida al teatro comercial, donde lo revalida.

Pero volvamos atrás. Durante la guerra civil funda y dirige *La Ametralladora* y a poco de terminar la contienda, *La Codorniz.* Y hace esta declaración de principios:

La revista no se apoyará nunca en la actualidad ni en la realidad; estará llena de fantasía, de imaginación, de grandes mentiras sin malicia. No nos divertiremos de las desgracias ajenas. Será como una pieza musical, como una canción, que se escucha para pasar el rato y nunca para aprender álgebra y trigonometría. El que quiera aprender matemáticas o ganar unas oposiciones a Hacienda no debe leer «La Codorniz», porque no le resultará eficaz. Publicaré dibujos, fotografías, chistes que dirán así, poco más o menos:

¡Qué ganas tengo de que nazca nuestro hijo, para saber cómo se llama!

Era una osadía, en tiempos tan dados a la severidad, la morigeración, la rigidez y la intolerancia. Por eso contaba Miguel que muchas veces, estando en su despacho, sonaba el teléfono:

—¿Es el director de *La Codorniz*?

—Sí; al aparato.

—Pues es usted un mamarracho; es usted un imbécil. Y su periódico, una porquería.

Y colgaba.

Yo entonces me echaba a llorar, como el niño que riñen por haber cometido una travesura. «Perdóneme; lo he hecho sin querer», estaba a punto de decir.

No; jamás se arrepintió de ser así, de escribir así, de cultivar el humor más irreal, fantástico y diferente. Cuyo éxito fue de alboroto. Primero sólo entre la juventud; aunque acabó imponiéndose a todas las gentes con sensibilidad y ganas de sonreír, que buena falta hacía.

En colaboración con Tono, realizó otra audacia singular. Agarraron una vieja película alemana, un dramón de aquí te espero y le cambiaron la banda sonora, poniéndole los que llamaron *diálogos estúpidos*. El estreno de *Un bigote para dos*, que así la titularon, hizo también época; pues la contradicción entre lo que los actores hacían y lo que decían resultaba hilarante.

Aunque el mayor de los escándalos se produjo con el estreno y subsiguientes representaciones (que fueron muchísimas) de *Ni pobre ni rico, sino todo lo contrario*, escrita también con Tono. Luis Escobar, director del teatro nacional María Guerrero, osó montar aquella función, en la que se decían cosas como ésta:

—¡Qué piano más pequeño, señora mía!

—Es que esto no es un piano; es una máquina de escribir.

Ni pobre ni rico propició una estupenda anécdota. Tono y Mihura, amigos de toda la vida (y amigos después hasta la muerte), andaban entonces peleados. Ni siquiera se hablaban. De tal modo que durante los ensayos de la comedia, uno se sentaba en las butacas pares y el otro, en las impares, varias filas atrás. En determinado momento, Mihura (o Tono) llamaba al director:

Haga el favor de decirle a aquel señor que se sienta allá detrás si no le parece que esta frase queda un poco larga.

Luis Escobar se trasladaba a la butaca donde estaba sentado Tono (o Mihura) y le pasaba el recado. *Pues sí; dígale a aquel señor de allí delante que vendría bien recortarla.*

Naturalmente el enfado les duró poco. El éxito de la comedia fue inmenso; aunque cada representación suponía violentos enfrentamientos entre el público joven, que solía ocupar las localidades altas, y el vetusto del patio de butacas. Se intercambiaban insultos y hasta hubo algún conato de agresión física. Tono y Mihura, divertidísimos, decidieron marcharse al hotel Felipe II de El Escorial, para seguir escribiendo juntos. Se instalaron en unas habitaciones con balcones abiertos a la belleza de la sierra del Guadarrama y se extasiaron tanto con el paisaje, que regresaron a los pocos días, sin haber escrito una sola línea. Miguel lo justificaba: *Es que estábamos tan a gusto admirando ese monasterio, que es una monada...*

Los triunfos de sus comedias fueron sucediéndose. En todas ellas aparecían solteros recalcitrantes, personajes desconfiados y especialmente muchachitas de las llamadas (con notoria impropiedad) *de vida alegre*; o sea, putas. Porque, como dijo González Ruano, Miguel entendía mucho de esas chicas. López Rubio llegó a más: aseguró que toda la vida estuvo enredado con ellas. En todo caso, siempre las trató en sus obras con admirable ternura, con melancólica delicadeza.

Las mujeres son fundamentales en el teatro de Mihura, quien llegó a afirmar *mi teatro soy yo y una mujer enfrente. La bella Dorotea, Carlota, Melocotón en almíbar, Ninette y un señor de Murcia, Una señora estu-*

penda, La decente, Una mujer cualquiera, La mujer asesinadita, Las entretenidas, son títulos suyos que lo demuestran. Además, fue un galanteador; siempre creímos que, entre sus más preciadas conquistas había figurado Sarita Montiel, en sus más esplendorosos años.

Se les vio mucho juntos y eso dio que hablar; pero la rutilante estrella aseguró en sus fantasiosas *Memorias*, publicadas en *Semana*, que lo suyo fue un amor platónico. Y si ella lo dice...

Tenía pocos amigos, pero muy buenos. Pues opinaba que *los amigos son incapaces de matarte; pero no se oponen a que te asesinen los demás.* Le fastidiaban las entrevistas periodísticas, aunque las aceptaba siempre: *Porque si en un interrogatorio con el juez, casi siempre resulta uno sospechoso, en el interrogatorio con un periodista resulta uno tonto.*

Sobre su soltería, lo tenía claro: *Los solteros somos hombres que nos hemos casado con nosotros mismos. Y en la mayoría de los casos, nuestro matrimonio se lleva fatal.*

En sus últimos años dejó de dibujar, entregado tan sólo al teatro y a los guiones cinematográficos. Aunque en *La Codorniz* que él fundara se exhumaban alguna vez sus viejos e inolvidables *monos.*

—Póngame en esta botella dos litros de leche de vaca.

—En esa botella no caben dos litros de leche de vaca.

—Bueno; pues entonces, échemelos de leche de cabra.

Y sus narraciones breves:

Las ancianas madres de todas las profesoras de piano

y labores de aquella provincia estaban indignadísimas porque sus hijas no tenían novio. Y como las señoritas solteras sacaban novio, sobre todo, en los velatorios, para resolver el problema de aquellas doncellas, el alcalde convenció a un caballero muy rico de que tenía que morirse para que, en el suntuoso velatorio que se organizaría a continuación, pudieran sacar novio todas las profesoras de piano y labores de la provincia. Y así fue.

Dibujó historietas bellísimas, llenas de lirismo. Como aquella del bondadoso caballero que arranca una espina de la pata de un león. La fiera le toma tal cariño, que le sigue a todas partes, le atosiga con su fidelidad, hasta tal punto que el bondadoso caballero no sabe cómo quitárselo de encima. Hasta que tiene la feliz idea de volverle a clavar la espina en la pata y el león se queda otra vez cojo e inmovilizado y el bondadoso caballero puede respirar tranquilo.

Asiduo de la diaria tertulia de *Chicote*, en la que tantos talentos se reunían (*La crema de la intelectualidad*, que dijo Agustín Lara), fue también cliente habitual de la famosa tasca de doña María, Aroca, junto a la Puerta de Toledo, donde se comía el mejor pescado de Madrid. Una noche, sin embargo, no le agradó el lenguado y ante el estupor general, pontificó: *Este lenguado es de río...*

Sus alusiones a la gastronomía eran frecuentes, porque le gustaba comer bien, aunque detestaba la *nouvelle cuisine*, que comenzó a ponerse de moda en sus últimos tiempos. En uno de sus *monos*, pregunta el camarero:

—¿De qué tomaron los bocadillos? ¿De queso o de jamón?

—No sé. Sabían a goma.

—Entonces eran de jamón. Los de queso saben a madera.

Le fastidiaban las fiestas multitudinarias y los fastos sociales. Sobre todo, los organizados por los millonarios del estraperlo. Los satirizaba constantemente; la mujer del nuevo rico riñe a su esposo:

Te he dicho mil veces que no es elegante que te muerdas las uñas. En todo caso, lo que debes hacer es ir a que te las muerda la manicura.

Nunca fue físicamente fuerte; las secuelas de su dolencia juvenil se mantuvieron a lo largo de toda su vida, obligándole a guardar cama con frecuencia. Lo que no le desagradaba demasiado; pero le encontraba el defecto de no ser la cama de Ginger Rogers. Pasó largos períodos de inactividad, que interrumpía cuando comenzaba a faltarle el dinero. Entonces se marchaba a su apartamento de Fuenterrabía (lo que hubiera dicho si llega a tiempo de enterarse de que ahora le han cambiado el nombre a la villa) y se ponía a escribir. La ilusión de su vida era renunciar a trabajar, a cambio de que esa renuncia estuviese bien retribuida. Sin embargo, escribió mucho; en su pisito guipuzcoano, si hacía buen tiempo o en los cuartos de los hoteles, cuando llegaba el invierno.

Siempre se dijo que su teatro era fiel reflejo de su propia vida y de su entorno; sus manías, sus devaneos, su egoísmo, sus aficiones. Y su fondo sentimental, de sonriente ternura. Aunque en ocasiones se enfadaba mucho; de modo especial, durante los ensayos de sus comedias. No toleraba que los artistas modificaran una sola palabra del texto, los dirigía con severidad y rigor y era notoria su dureza si alguno se permitía cualquier frivolidad. Podía aplicársele la anécdota de los hermanos Álvarez Quintero, que en ocasión de que un actor se inventara una frase, lo que en el teatro llaman *una morcilla,* le recriminaron con acritud: *Si eso tuviese gracia, ya se nos hubiera ocurrido a nosotros.*

Su nombramiento como académico de la Real Academia Española de la Lengua fue de los pocos que nadie discutió. No le dio tiempo a leer su discurso de ingreso; su querido Tono escribió en su muerte una de las más hermosas páginas jamás salidas de su pluma. Una *Última carta* en la que le decía:

Yo sé que no fueron las enfermedades las que te arrastraron a este último viaje. Y lo sé porque te conocí mejor que nadie. Te fuiste abrumado por ese dichoso discurso de tu presentación en la Academia; ese discurso que te ha atormentado hasta el último momento. Tú no eras vanidoso y te reías de todo. Y tampoco necesitabas poner debajo de tu firma lo de «de la Real Academia Española», porque tú ya no firmabas más que el documento de identidad y tu pasaporte, que necesitabas para ir a comprar queso a San Juan de Luz. Tú ya lo tenías todo resuelto. La única lata era la edad. Y de eso sé yo más que tú y sé que lo malo de la vejez es que le coge a uno viejo [...] *Espérame, Miguel. De momento ya has conseguido lo que querías (como siempre). No has tenido que hacerte el frac ni has escrito el dichoso discurso. Ahora ya estás tranquilo y nadie irá a buscarte para darte la lata. Sólo Dios podría pedirte cuentas; pero, de ¿qué?, si nunca hiciste mal a nadie.*

Meses después, muy pocos meses después, moría también Tono. Seguro que en el cielo han reanudado su colaboración.

VIII

INTERMEDIO DE HUMOR POLÍTICO

Ya en las primeras páginas de este libro advertí que, por lo general, los políticos españoles han carecido casi siempre de sentido del humor. Otra cosa muy distinta son los británicos: recuérdense los discursos de Winston Churchill en los Comunes, llenos de ironías y sarcasmos, a pesar de que por entonces, Londres pasaba sus más trágicos momentos, asolada por los bombardeos de la *Luftwaffe*.

O aquella vez que la reina de Inglaterra llegó en viaje oficial a Estados Unidos. El entonces presidente Bush le dio la bienvenida en el aeropuerto pronunciando las palabras de rigor ante un micrófono; después, como manda el protocolo, le respondió Isabel II. Pero como Bush era mucho más alto, el micrófono, que no había sido bajado, tapaba el rostro de Su Graciosa Majestad, de la que sólo se vio en las pantallas de televisión su gran sombrero. Al día siguiente acudió la reina al Congreso; allí le habían colocado el micrófono a su altura. Y comenzó el discurso diciendo: *Espero que hoy me puedan ver todos ustedes.*

Naturalmente, se ganó una ovación de los congresistas, que agradecieron cumplidamente el rasgo de humor de la soberana británica.

Semejantes ocurrencias no son frecuentes entre la clase política de este país. Durante muchos años, ministros, senadores y diputados han preferido lucir un semblante severo, un gesto adusto y se han manifestado con enorme grandilocuencia, como si hablar de manera engolada, altisonante y, en muchas ocasiones, críptica, les concediese mayor prestigio ante el honrado ciudadano de a pie. No hay más que ver, en las páginas de brillante papel couché de los viejos semanarios, *La esfera, Blanco y Negro, Nuevo Mundo,* los retratos de aquellas Señorías: con sus levitas, sus chisteras, sus luengas barbas, sus rostros enfurruñados y los ojos siempre cerrados. Claro que eso era por culpa del magnesio que a la sazón usaban los fotógrafos, que deslumbraba al más pintado.

Luis Carandell ha publicado en esta misma colección un ameno libro[1] en el que recoge anécdotas de nuestros políticos de los dos últimos siglos. Por ejemplo, de Cánovas del Castillo; si bien advierte que el ilustre político era muy serio y nada dado a bromear cuando intervenía en el Parlamento. En su vida privada, por el contrario, daba muestras de un típico humor andaluz. Como aquella vez que un partidario suyo le solicitó un título nobiliario y le contestó: *¿Tan mal le ha ido a usted de villano, que ahora quiere ser caballero?*

Siendo el conde de Romanones presidente del Congreso de los Diputados, los conservadores

1. Luis Carandell, *Se abre la sesión,* Editorial Planeta, 1998.

anunciaron una interpelación contra el partido liberal, al que él pertenecía y que en aquel momento gobernaba. Se encargó de presentarla un diputado de muy baja estatura; tan baja que su cabeza apenas sobresalía del pupitre de su escaño. Se levantó, pues, y comenzó a dirigir muy duras palabras al gobierno. Romanones le interrumpió: *Perdone su Señoría, pero debo recordarle el reglamento de esta Cámara. Póngase en pie para hacer uso de la palabra.*

Ni que decir tiene que durante la dictadura de don Miguel Primo de Rivera, el humor brilló por su ausencia en la encorsetada vida política de la época. Únicamente el marqués de Estella se permitía a veces alguna ironía, como jerezano que era. Así, su famosa definición de Valle-Inclán, *gran escritor y extravagante ciudadano.*

En cuanto al rey Alfonso XIII, coinciden cuantos le trataron con cierta proximidad (a los monarcas nunca se les conoce íntimamente) que era persona con indudable sentido del humor. Como buen madrileño, añaden algunos.

Recordando uno de los varios atentados que sufrió durante su reinado, de todos los cuales salió ileso, simplemente comentó: *Son gajes del oficio.*

Estaba ya muy enfermo, cuando recibió la visita del fiel Agustín de Foxá, en su habitación del Gran Hotel de Roma, donde pasó los últimos años de su exilio. Tenía extendidos a los pies de la cama un manto de la Virgen del Pilar y otro de la Macarena, que le habían regalado unas damas de la nobleza, confiando en sus poderes milagrosos. *Ya ves, Agustín* —dijo don Alfonso—, *al final tendré que ganar la partida, porque juego a dos paños.*

En cierta ocasión, un periodista extranjero (y evidentemente indiscreto) le preguntó si era cierta su fama de mujeriego. *Mire usted: el rey de España no tiene más amor que el de su esposa. Claro que si se trata del duque de Toledo...*

El ducado de Toledo era uno de los varios títulos que poseía don Alfonso; solía usarlo en sus viajes de incógnito.

Ya en los últimos meses de la monarquía de don Alfonso XIII, el general Berenguer, presidente del gobierno, decretó el cierre del Ateneo de Madrid, como consecuencia del alboroto provocado durante una conferencia que allí pronunció Unamuno. La Junta Directiva del centro, presidida por Manuel Azaña, fue a visitar al ministro de la Guerra, general Marzo, solicitando su intervención en favor de la reapertura. Excusóse el ministro y en determinado momento, a modo de justificación, se dirigió al señor Azaña, para decirle:

—Póngase usted en mi lugar, don Manuel...

—A eso aspiro precisamente, señor ministro —le respondió Azaña.

En efecto: poco después ocupaba la cartera de Guerra, en el primer gobierno de la Segunda República.

Durante esa Segunda República, el Parlamento conoció un lote de diputados de espléndida elocuencia: el mismo Azaña, Gil-Robles, Melquíades Álvarez, Indalecio Prieto, José Antonio Primo de Rivera, Calvo-Sotelo. Eran oradores brillantes, que improvisaban sus discursos y especialmente, sus réplicas, con admirable estilo. Nada de consultar *chuletas* ni de tartamudear ni de cortarse a mitad de una frase mal pronunciada, como ahora hacen casi todos. En algunas ocasiones lucieron también un estimable sentido del humor, aunque en los últimos meses del régimen, la caótica situación del país ya no les permitiera el menor sarcasmo.

Pero en los tiempos de relativa bonanza republicana, el *Diario de Sesiones* pudo recoger muestras estupendas de la capacidad irónica de Sus Señorías. Ortega y Gasset había dicho, en una intervención en las primeras Cortes constituyentes, cuando todavía estaba movido por la ilusión política: *No hemos venido aquí a hacer el payaso, el tenor ni el jabalí.*

Desde entonces, llamóse *jabalíes* a ciertos diputados que acudían a las sesiones sencillamente para armar escándalo; y también, a aquellos otros especializados en interrumpir a los oradores con frases hirientes, mordaces, que llegaban a desorientar a quienes peroraban con dramática seriedad. El *jabalí* más famoso fue Joaquín Pérez Madrigal, diputado radical que en sus últimos años —murió después de la transición— se inclinó hacia la extrema derecha. Durante la guerra civil había demostrado su excelente sentido del humor en programas radiofónicos, emitidos desde la germinal Radio Nacional de Salamanca. Alcanzaron gran éxito popular en la zona franquista, pero sobre todo cumplieron su objetivo de ridiculizar al adversario. Así, *El miliciano Remigio pá la guerra es un prodigio*, tremendo sarcasmo del ejército llamado entonces *rojo* y sobre todo, las parodias de los partes de guerra de la *Emisora de la Flota Republicana, que flota de milagro.*

Regresemos al Congreso de los Diputados, allá por 1933. Está en el uso de la palabra la socialista

Victoria Kent. De pronto, Pérez Madrigal se levanta de su asiento y señalando con el brazo extendido, rígido el dedo índice, hacia el busto de la diputada, grita: *¡El sostén...!*

La señora Kent, en un acto reflejo, lleva sus manos al pecho. Y sigue el interruptor: *... el sostén de cuanto mantiene su Señoría no puede ser más endeble.*

Don Ángel Ossorio y Gallardo era famoso por su oratoria barroca, recargada de metáforas, muy castelerina, le decían entonces. Su voz grave, profunda, daba aún mayor empaque al ampuloso estilo del ilustre jurisconsulto. Que se encontraba en plena disertación, impugnando con especial vehemencia el proyecto de ley del divorcio. Y decía, con trémolos cargados de emoción: *... además, está el problema de los hijos. ¿Habéis pensado en los hijos? ¿Qué haremos con nuestros hijos?*

Pérez Madrigal, desde su escaño: *De momento, al de su Señoría ya le hemos hecho subsecretario...*

Última anécdota de don Joaquín (contarlas todas haría interminable este capítulo). El diputado independiente José Antonio Balbontín explicaba a varios diputados en los pasillos del Congreso, que después de arduas negociaciones, había conseguido formar una minoría, con otro diputado. Le interrumpe Madrigal: *Eso no es una minoría; es un dúo.*

Aunque José María Gil-Robles, jefe de la CEDA y ministro de la Guerra en 1935, no era precisamente persona con gran sentido del humor o al menos, no solía manifestarlo (quizás por temor a ser tachado de *frívolo,* siendo nada menos que el portavoz oficial de la derecha católica), fue protagonista de una de las réplicas más brillantes de que hay recuerdo en la breve historia de las Cortes de la Segunda República.

Con su perfecta, limpia y lúcida oratoria, se encontraba defendiendo en la Cámara una postura, lógico en él, profundamente conservadora y tradicional. De uno de los bancos de la oposición surgió una voz que gritaba: *¡Su Señoría es tan antiguo, que todavía usa calzoncillos largos!*

Inmediatamente le contestó Gil-Robles: *¡Qué indiscreta es la señora de Su Señoría!*

Puede suponerse el pitorreo que se organizó en el hemiciclo. Fue tan grande el escándalo de risas, que el impertinente interruptor tuvo que abandonar la sala, entre la rechifla general. Con lo cual se demostraba (quiero insistir en ello) la tremenda eficacia del humor como fuerza dialéctica; y como terapia para resolver las situaciones más incómodas, sin tener que recurrir para nada a la violencia física.

*

En cuanto a Francisco Franco, su humor celta aparecía en contadas ocasiones; casi siempre, en el reducido círculo de su familia y más cercanas amistades. Pero de vez en vez, ofrecía muestras de la retranca vernácula. Muy conocido es su comentario a un gobernador civil recién nombrado, que al visitarle en El Pardo, le confesó su enorme preocupación por las responsabilidades que se le venían encima. *Haga lo que yo: no se meta usted en política.*

Ante los rumores que circulaban en Madrid sobre una posible y decían que inmediata crisis de gobierno, cierta persona de su confianza le preguntó si, en efecto, iban a cesar varios ministros. *Pues mire usted, la verdad es que yo no he oído nada.*

Viajaba por la provincia de Santander, para inaugurar unas obras públicas; en esta ocasión se habían tomado grandes medidas de seguridad. Mientras el ministro de turno le iba explicando las características del nuevo pantano, Franco le interrumpió: *Dígame, ¿aquello verde que se ve en el monte, es bosque o guardia civil?*[2]

Nicolás Franco, hermano mayor del Caudillo, tenía fama de frívolo y mujeriego. Siendo embajador de España en Lisboa, una revista extranjera publicó varias fotografías suyas algo escandalosas, tomadas en una playa portuguesa. Don Nicolás, en bañador, aparecía rodeado por unas hermosas muchachas en bikini, todos sonrientes y amartelados. El ayudante del Generalísimo que le pasaba diariamente los resúmenes de prensa dudó bastante en mostrárselas, hasta que comprendió que no tenía más remedio que hacerlo. De modo que, con muchísima delicadeza, le enseñó el reportaje. *Perdone Su Excelencia, pero he considerado que le interesaría conocer estas fotografías un tanto comprometedoras...*

Las miró Franco con aparente interés y éste fue su comentario: *Ya le he dicho muchas veces a Nicolás que está demasiado gordo. ¿No le parece?*

*

2. Según Rogelio Baon, esta anécdota la contó Gonzalo Fernández de la Mora durante un almuerzo en *ABC*.

Las Cortes franquistas no fueron, obviamente, propicias para que en ellas manifestaran su sentido del humor los procuradores, que alguno sí que lo tenía. Pero sus plenos se limitaban a corroborar los proyectos de ley, que, eso sí, habían sido arduamente discutidos en las comisiones; pero de éstas no quedaba constancia pública. De todos modos, en las últimas sesiones de aquellas Cortes, sesiones casi necrológicas, pues se estaba elaborando la ley de Reforma Política, que acabaría con ellas, don Torcuato Fernández Miranda, su presidente, se dirigió a un procurador que, durante las votaciones, no dejaba de andar de una parte a otra: *Su Señoría, ¿vota o transita?*

Los políticos actuales suelen reservar sus gracias para la televisión; aunque escasean quienes tienen verdadero sentido del humor. No se olvide que éste exige no sólo ironizar sobre los demás, sino mayormente aceptar con la sonrisa en los labios (otra cosa es lo que pasa por la cabeza) las ironías de los demás. Y hoy, pocos hombres públicos admiten la réplica crítica; que suelen contestar con algún exabrupto.

Quizás para vengarse de los muchos chistes que, con notoria injusticia, se hacían a su costa, Fernando Morán, cuando era ministro de Exteriores informó a la Cámara de su reunión en Londres con la entonces primera ministra británica: *Mantuve con la señora Thatcher una entrevista de dos horas y ambos salimos indemnes.*

Sabida es la poca afición de los señores diputados a permanecer en sus escaños cuando intervienen colegas de las minorías parlamentarias. Iba a comenzar su discurso Juan María Bandrés y como viera que gran número de *padres de la patria* abandonaban el escaño dijo: *Señores diputados... restantes.*

Aunque, en realidad, los rasgos de humor que se advierten en el Parlamento actual son más bien pocos. Quizás por la mala costumbre de Sus Señorías de hablar siempre con las cuartillas delante. (Mala costumbre o evidente incapacidad para la improvisación, que ya sabemos que debe prepararse muy concienzudamente.) De vez en vez, surge la frase imprevista, que hace sonreír precisamente porque se dijo sin advertir su segundo sentido. La más celebrada, la del señor Peces-Barba, entonces presidente, que como se estropeara el micrófono de un diputado, le dijo aquello de *A Su Señoría no le funciona el aparato.* O el *¡Manda huevos!* que se le escapó al actual presidente, Federico Trillo, sin darse cuenta de que los micrófonos y las cámaras de la televisión iban a recoger la espontánea expresión.

Don José María Aznar pretende últimamente usar de la ironía en alguna de sus réplicas parlamentarias y en las comparecencias ante los medios informativos. Pero el señor Aznar no hay forma de que acompase debidamente los ritmos de la locución, de que termine los párrafos en punta, en lugar de hacerlo por lo bajo. Así que, aunque en ocasiones llegue a decir cosas con gracia e intención, las perjudica por la monorritmia y la sosería con que las expresa.

*

En la literatura española de humor se produce un hecho curioso, que en más de una ocasión he resaltado. La gran mayoría de los escritores, por no decir todos, fueron siempre gentes de orden, conservadores o mejor, para entendernos y a pesar de que ahora se empeñan en archivar la expresión, *de derechas*. También, por supuesto, profundamente liberales. Porque ambos conceptos resultan perfectamente compatibles; abundan los ejemplos, aunque no lo quieran reconocer *los de izquierdas*.

Si repasamos la extensa nómina de nuestros humoristas contemporáneos, apenas encontramos uno solo que en sus libros o en sus artículos haya mostrado tendencias socialistas y no se diga, comunistas. Cierto que su inclinación a la acracia también es frecuente; pero se trata de un anarquismo meramente especulativo. Pues a todos les gustó siempre vivir lo mejor posible; a lo burgués, es decir. Aunque muchas veces no lo consiguieran.

Hay además un dato evidente que confirma las tendencias ideológicas de estos escritores: todos los que el 18 de julio de 1936 estaban en Madrid sufrieron persecución y cárcel, hasta que lograron escapar de la zona republicana. Así, Jardiel, Fernández Flórez, Foxá, Enrique Herreros. Don Pedro Muñoz Seca fue asesinado en Paracuellos.

Quede el estudio de este fenómeno para los psicólogos, para los sociólogos. Quizás para los psiquiatras. Que asimismo deberán explicarnos por qué motivo, los humoristas gráficos, en cambio, andan siempre comulgando con la izquierda y aun con la izquierda más radical. También las excepciones son pocas; una ojeada a los actuales maestros del *mono* y de la historieta, confirma tal realidad. Dejo en el aire la pregunta y que la responda quien sepa y pueda.

Otra nota, no menos curiosa. ¡Qué pocas mujeres han cultivado en España la literatura de humor! O sencillamente, el humor, en cualquiera de sus manifestaciones. Que yo recuerde (y conste que ya no me fío demasiado de mi memoria), tan sólo en *La Codorniz* encontramos algunas firmas femeninas. Pocas, pero brillantes: Remedios Orad, Mercedes Ballesteros (*La baronesa Alberta* era su seudónimo) y Conchita Montes. Pero ¿cuántos libros de humor han escrito las mujeres, tan magníficas en otros géneros?

Repito: a ver si alguien me lo aclara.

PEPE LÓPEZ RUBIO EXPLICÁNDOLE A NEVILLE
LAS DELICIAS DE LA VIDA MONACAL
Y EDGAR NO CREYÉNDOSELO.

IX

EDGAR NEVILLE

Se llamaba Edgar Neville de Romree y era, a pesar de eso, madrileño típico, mezclado de golfo y de aristócrata. Puesto a tener (que mucho y de todo tuvo), también tenía título de nobleza, conde de Berlanga del Duero, que ya es bonito. Su abuelo sí que fue inglés, claro; ingeniero de los que a mediados del XIX se venían a España para explotar la riqueza minera de Riotinto y similares yacimientos. Niño de casa bien y con fortuna, estudió en buenos colegios, pasó una temporada en Suiza, adonde le llevaron sus padres, porque la tuberculosis le amenazaba. Y coqueto desde la adolescencia, en 1921, afectado por un desengaño amoroso, sentó plaza en el ejército y participó en la guerra de África, nada menos que en la reconquista de Annual.

Pero bueno será que recojamos parte de la semblanza que de Edgar hizo Ramón Gómez de la Serna, que adivinó su talento y se lo llevó a la tertulia de Pombo: *La primera impresión de Neville es nefasta. El niño mimado ha salido de su cochecito y se dispara. Se ve que está criado con biberón de leche de elefanta traída de la India. Después se van encontrando sus buenas cualidades y un talento con atisbos rutilantes. Edgar es hijo del siglo XX. Le tenemos miedo porque nos propalará, nos admirará, nos desafiará.*

A los 18 años estrenó su primera comedia, *en medio acto*, que interpretaba *La Chelito*, tan famosa a la sazón por su constante búsqueda de la pulga entre sus piernas. Fue retirada del cartel al día siguiente, prohibida por la censura gubernativa. Aprovechó su peripecia militar en Marruecos para enviar crónicas a *La Época*; a la vuelta, como estaba mandado en todo joven humorista en aquellos tiempos, *los felices veinte* les llamaron, se incorporó a la redacción de *Buen Humor*. Insistió en el teatro, en colaboración con López Rubio, cuya amistad gozaría de por vida. Pero no consiguieron estrenar ninguna de las obras que escribieron juntos.

Era buen mozo, guapo, elegante, delgado y hacía mucho deporte, lo que por entonces resultaba bastante insólito; incluso llegó a ser internacional en la especialidad de hockey sobre hielo. Ingresó en la carrera diplomática y fue destinado a Washington, como tercer secretario de embajada. Iba con frecuencia a Hollywood (cuatro días de tren), porque le interesaba el mundo del cine. Y consiguió un contrato con la M.G.M. para escribir diálogos para las películas en versión española que comenzaban a realizarse. Un día recibió un telegrama del Ministerio de Estado, comunicándole su traslado a Tegucigalpa. Respondió con otro en el que decía, tan campante: *¿Dónde está eso?*

Pidió la excedencia en la carrera (qué menos) y

se instaló en Hollywood; allí hizo gran amistad con Chaplin, que le sacó de *extra*, vestido de *policeman*, en *Luces de la ciudad*. Al volver a Madrid, en 1933 colaboró con Harry Abbadie D'Arrast en *La traviesa molinera*, una de las películas más importantes del poco glorioso cine republicano. Realizó unos *Falsos noticiarios*, primeras muestras del cine de humor en España; estrenó por fin una comedia, *Margarita y los hombres*, que tuvo éxito y adaptó a la pantalla *El malvado Carabel*, sobre la novela de Fernández Flórez.

Meses antes de estallar la guerra civil, dirigió *La señorita de Trévelez*, basada en la comedia de Arniches, que veinte años más tarde serviría también de soporte argumental a *Calle Mayor*, de Bardem. Pasó la contienda en los servicios de propaganda del ejército franquista, siguió escribiendo artículos de humor, colaboró en *La Ametralladora* y al llegar la paz marchó a Roma, donde dirigió *Frente de Madrid*, sobre una novela corta suya del mismo título; la película supuso el debut en la pantalla de una bella licenciada en Derecho, madrileña como él, Concepción Carro, desde entonces conocida por su nombre artístico de Conchita Montes. Que sería durante el resto de su vida su inseparable compañera.

Y comenzó a engordar, sin que le sirvieran de nada los tratamientos médicos, que no puede decirse que siguiera con demasiado rigor. Internado en la clínica de nutrición del doctor Jiménez, se escapaba por las noches, después de haber cumplido una escrupulosa dieta y aparecía en *La Zamorana*, donde sus amigos estábamos cenando. Para quitarse el hambre que le hacían pasar, nos decía. En cierta ocasión pidió un solomillo. Preguntó el camarero:

—¿Lo desea con guarnición?

—Sí, sí. Como guarnición, ponme unas chuletitas de cordero.

Otra vez llamó a mi mujer, que con otras amigas, solían visitarle durante sus semanas de reclusión en la clínica. *¿Vais a venir a verme? ¿Sí? Pues haced el favor de traerme un abrelatas.*

Había escondido en su habitación varias latas de conserva, fabada, perdiz, callos; pero olvidó comprar el artilugio para abrirlas.

Al terminar uno de sus tratamientos contra la obesidad, el doctor le entregó la dieta que debía seguir, con la lista de alimentos y cantidades prescritas. Edgar leyó el plan y preguntó, con toda naturalidad: *Doctor, ¿esto es para tomarlo antes o después de las comidas?*

Llegó a pasar de los 130 kilos. Su obesidad le producía un frecuente e invencible sopor. Hasta tal punto, que se durmió mientras leía a Conrado Blanco, empresario del teatro Lara, una comedia que había escrito con la pretensión de que se la estrenara (no se la estrenó, obvio). También se dormía dirigiendo las películas; que a pesar de eso, resultaban estupendas. Cuando recientemente, la televisión ha proyectado algunas de ellas (*El último caballo, La torre de los siete jorobados, Domingo de carnaval, La vida en un hilo*, todas realizadas en los años cuarenta/cincuenta), los críticos y los aficionados jóvenes, que nada saben ni quieren saber de esa época, han echado las campanas al vuelo, sorprendidos por descubrir un cine lleno de humor y de calidad, absolutamente vigente.

No le gustaban nada los niños, a los que llamaba *esos locos bajitos*, definición que después otros se han apropiado, por supuesto sin citar su origen. Decían que, cuando sus dos hijos eran pequeños, estaba una tarde durmiendo la siesta en su chalet de La Granja, y el mayordomo la interrumpió abruptamente:

—¡Señor conde, su hijo Rafaelito está trepando por un balcón de la fachada y se va a matar!

—¿Para eso me despiertas? —protestó Edgar—. Todavía me queda otro.

Isabel Vigiola, señora de Mingote, que fue secretaria de Neville, me ha contado que una tarde estaban trabajando en la casa de la Moncloa, donde vivió muchos años, y los nietos correteaban de un lado para otro de la habitación, con el consiguiente griterío. Le ordenó Edgar: *Átalos...*

Recibió a unos amigos, que le visitaban llevando un pequeño perro caniche. Les advirtió: *Tened cuidado, no le vayan a morder mis niños...*

Y sin embargo, era un sentimental tremendo, que en su corpachón enorme escondía un espíritu sutil y ligerísimo. La ternura y la melancolía que derrochó a manos llenas en *El baile*, su más famosa comedia, delataban su personalidad. Que de continuo se empeñaba en disimular, echando por delante una frivolidad, un escepticismo, un distanciamiento, una constante actitud egoísta, que quizás fueran los envases tras los que se ocultaba la nostalgia de afanes insatisfechos y de ilusiones sentimentales malogradas.

Había escrito:

Yo no he sido nunca demasiado revolucionario ni

ahora soy demasiado conservador. De joven se es escéptico del presente y optimista del porvenir y luego se es escéptico del presente y también escéptico del porvenir, con lo cual puede uno quedarse en una posición egoísta y antisocial. Pero la verdad es que no quedan ganas de dar batallas, después de haber dado tantas en todos los sentidos.

López Rubio, insuperable analista de sus compañeros humoristas de *la otra generación del 27*, aseguraba que Neville fue el más romántico de todos ellos y el egoísta más generoso que nunca conoció. Lo importante para él era él mismo y como siempre ocurre, llevó a su obra su melancolía, su desencanto, *la sonrisa de su desilusión.*

• Sé bueno con todo el mundo y generoso, pero sobre todo con los ricos, porque los pobres no te pueden probar su agradecimiento.

• Convivir es el arte de vivir con las gentes con las que no se puede vivir.

• El novio es muy diferente al marido. Es un marido disfrazado de bueno.

Son frases suyas. Viajero de medio mundo, amante de la vida por la vida misma, escéptico de bastantes cosas y apasionado por otras, en su obra, así cinematográfica como teatral, coexisten el humor y el sentimentalismo, con la crítica irónica de la hipocresía social, de la mojigatería y muy especialmente de la cursilería, que le aterraba. No pretendió provocar la risa, sino la sonrisa. De ahí que hiciera muchas frases felices, pero escasos chistes. Escasos, aunque estupendos; y naturalmente en la línea de lo que vino en llamarse *humor codornicesco.*

—¿Cómo se llama el niño?

—Florestán.

—No es nombre de niño.

—Es que se lo hemos puesto para cuando sea mayor.

Le encantaba el flamenco y se marcaba con buena entonación unos verdiales o unas tarantas. Su finca de Marbella, a la que llamó *Malibú*, en recuerdo de sus tiempos en California, fue pionera de las grandes urbanizaciones en la Costa del Sol. Le gustaba recibir a sus amigos y homenajearlos con espléndidas comidas; aunque fuese él quien mayormente se beneficiara de los menús. Abría una lata de *foie* de Las Landas, servía una corta ración a sus invitados y se comía con entusiasmo el resto en un santiamén.

Poseía en Alfafar, cerca de Valencia, una especie de castillo, heredado de su abuelo, que a Joan Fontaine, a quien llevó a pasar unos días, le recordaba la siniestra mansión de Manderley. En su constante búsqueda de la diversión, escondía en la cama de invitados (más bien, de invitadas) una calavera que, según él, era la de su abuelo, el primer conde de Berlanga del Duero. Las invitadas, como no podía menos de suceder, se llevaban un susto de aúpa al meterse entre las sábanas y tropezar con el pelado cráneo. Algunas salían corriendo al pasillo, donde Edgar aguardaba la mar de divertido y, además, disfrutaba viéndolas en camisón.

En sus últimos años, lastrado por la obesidad, le dio por la pintura. No lo hacía mal; y como su espíritu mercantil fue siempre considerable, incluso le sacó cierto rendimiento económico al *hobby*. Organizó en Marbella una exposición de sus cuadros y los vendió todos a las rancias aristócratas que le admiraban y le reían sus gracias. Y hasta sus sarcasmos con ellas.

La obsesión por la comida marcó el último período de su vida. Así que resultaban inútiles todos los regímenes y todos los consejos médicos; incluso le tuvieron varios días dormido, alimentándole sólo con sueros. Volvió en seguida a sus placeres gastronómicos y en una semana recuperó todos los kilos que tan trabajosamente había perdido.

Viajaba por carretera en su coche acompañado por Conchita y por Isabel, cuando se quedó sin gasolina. Las mujeres consiguieron que se detuviera un automóvil, cuyo propietario se ofreció a trasvasar parte de la de su depósito. Como no tenían recipiente donde echar la bencina, el amable automovilista vació una botella de leche y en ella la pusieron. Fueron a contárselo a Edgar, que dormitaba en su coche; se indignó al saberlo: *Podíais habérmelo avisado, para que me bebiera esa leche, en vez de desperdiciarla...*

Poco antes de morir se enamoró de una joven viuda; en realidad fue sólo un capricho, una ilusión de sesentón en retirada. La viudita no le hizo ningún caso, lo que acrecentó la pasión senil de Edgar, que de pronto comenzó a escribir versos apasionados, dolientes, desesperados. Y buenos.

No supe envejecer, no me di cuenta
hasta que una mujer me hizo saberlo...

Los publicó en *ABC*; tenían títulos metafóricamente atmosféricos: *Borrasca, Tormenta, Hielo.* Conchita Montes, que toleraba con resignación la insensata aventura del hombre de su vida (puramente platónica, por supuesto) comentó: *Pues cualquier día publico yo un artículo que se llamará* Marejadilla en el Cantábrico, esquina a Manuel de Falla.

Manuel de Falla era la calle donde vivían.

Se murió de repente. Apenas una hora antes había estado con Mingote, haciendo fotos en su piso. Súbitamente se vino abajo su poderosa humanidad; cuando le llevaron a la clínica ya nada pudo hacerse. Así que se marchó sin molestar, sin dar espectáculo; como si quisiese pedir perdón a quienes, en vida, tanto le habían censurado su carácter avasallador, su insuperable egoísmo.

X

JOSÉ LÓPEZ RUBIO

Acuñó la feliz definición de *la otra generación del 27* para designar aquel grupo de humoristas excepcionales, cinco, del que también formó parte. Según sus propias palabras, *fui un poco el quinto dedo de aquella mano, que no exageraré mucho si califico de maestra*. Fue también el último superviviente; aunque la palabra le desagradaba:

Porque arranca con la partícula «super», valoración muy depreciada que llega a aplicarse, con su carácter de inseparable, hasta a los mercados. Supervivir tiene demasiado de postrimería y nada de novísimo. El superviviente —¡a quién «me» lo voy a contar!— acaba por convertirse en un paseante solitario que intriga a los niños y del que recelan los perros. Y es que sobrevivir va excluyendo, en principio, su verbo familiar: convivir, que es lo más hermoso que puede ofrecer la Fortuna.

Integrado en la fraterna convivencia que siempre mantuvieron con él Jardiel, Tono, Mihura y Neville, juntos anduvieron en sus carreras literarias, que también comenzaron juntos y a lo largo de ellas nunca dejaron de mantener sus afectos y sus recíprocas admiraciones, horras de cualquier envidia. Fueron frecuentes sus colaboraciones profesionales, sus intercambios de ideas y hasta comunes fueron también muchos de sus viajes. Y por supuesto, su relación constante, que llegaba a hacerse diaria cuando coincidían en Madrid.

Pero López Rubio, granadino (nacido en Motril), soltero y solo (a diferencia de los otros cuatro no se le conoció ninguna aventurilla; menos todavía, cualquier romance estable) ofrecía notorias desemejanzas con sus compañeros de generación literaria. Era gran aficionado a la música, estudioso de la historia, poseía una biblioteca teatral extraordinaria (que donó a la Real Academia), gustaba de la buena ropa y pasó por la vida sin estridencias, sin perder jamás la compostura ni la discreción. Sonreía ante las actitudes en ocasiones detonantes de sus camaradas, cuyo desembarazo le fascinaba, aunque se supiera incapaz de seguirlo.

Por eso acabó ejerciendo de escribano del grupo, de fedatario de las hazañas de los demás, levantando acta de sus caprichos, de sus glorias y de sus anécdotas. En cambio, pocas suyas pueden recordarse. Siempre actúa como espectador de las gracias de Tono, de las salidas de Mihura, del desparpajo de Neville, de las locuras admirables de Jardiel. Después, las cuenta. Las contó en sus prólogos y en sus epílogos a las antologías de los demás. Las contó, con ternura, nostalgia y admiración en su discurso de ingreso en la Real Academia Española de la Lengua, el 5 de junio de 1983. Así refirió su comunidad de intenciones:

Se nos habían dado hechos un mismo instante y unos mismos propósitos. Vivimos dentro de un abierto cercado de ideas que nos marcaron un sello indeleble, homogéneo y diverso, a la vez. Ya no nos iba a desprender nadie ni nada, ni para bien ni para mal. Quedamos juntos, no enredados, irremisiblemente, en los libros de texto, en las enciclopedias y en las antologías. Tanto, que tengo que aferrarme a ellos para que mi vida acabe por tener un poco de sentido.

Ciertamente, cada humorista de este grupo de *los del 27* resulta perfectamente distinguible, tiene su propia personalidad, aun dentro de la general coincidencia en su sentido del humor, del humor nuevo que apadrinaron. Los cinco escribieron teatro, los cinco pasaron por el cine como por un túnel (*El cine y el túnel son oscuros de nacimiento,* López Rubio), los cinco se dieron a conocer en las páginas de las mismas revistas, al mismo tiempo (Pepe fue secretario de redacción de *Buen Humor*) y fueron asiduos de las tertulias del café de Platerías y de Pombo y de la Granja El Henar y juntos anduvieron por Hollywood (excepto Mihura, por culpa de su tumor de cadera).

Una vez allí, Pepe les llevó ventaja: hablaba correctamente el inglés, además del francés, el italiano y algo de alemán. Por eso los demás le necesitaban y le pedían ayuda de continuo y él siempre iba a su lado, para anotar sus peripecias y poderlas narrar más tarde. Un día acompañó a Jardiel a unos grandes almacenes, para que se comprara ropa de vestir. Se probó Enrique varios trajes, naturalmente en la sección de *caballeros,* pero todos le venían grandes (no medía mucho más de 1,63). Así que le mandaron a la sección de *mocitos.* Afrenta que nunca olvidó.

Las historias más jugosas de aquella peripecia americana de *los del 27* las conocimos a través de López Rubio; como el insólito diálogo de Tono con Einstein, que se cuenta en el lugar oportuno. Pero en ninguna aparece Pepe como protagonista. No le iban, la verdad, las intervenciones deslumbrantes; reservó siempre su humor para los escritos, para las comedias, para los guiones de televisión. Quizás por elegancia, quizás por rubor, por una timidez que, desde luego, no contaba entre las muchas cualidades de sus camaradas.

A López Rubio le cuadraba a las mil maravillas la condición de *dandy*, la interpretación fidedigna del *dandismo*, que tanto glosó González Ruano. (Umbral también suele usar mucho el concepto; pero le falta el personal conocimiento de causa que tenía César.) A lo mejor podríamos decir que fue un mundano, en el sentido de pertenencia a la buena sociedad; en su caso, del intelecto y un cosmopolita. Desde luego, era de una exquisita elegancia; siempre me llamó la atención la gracia, la desenvoltura, la distinción con que llevaba la chaqueta sobre los hombros, sin que nunca se le desnivelara. (A mí, cuando lo intento, siempre se me cae. Será que los tengo estrechos.)

Escribió una única novela. *Roque Six*, a los 26 años, en 1929. *Una deliciosa pequeña obra maestra del más acendrado humorismo*, la juzgaría Eugenio de Nora. Es la historia de una persona que, al morir, experimenta seis reencarnaciones sorprendentes. En ella destaca ya la calidad de los diálogos; la misma que constituiría siempre la nota fundamental de sus comedias.

Porque mucho se habla de la acción en el teatro —me comentó una tarde, allá por los setenta, charlando en el Hotel Victoria de El Escorial, donde ya vivía todo el año—, *pero dos personas sentadas, hablando, pueden provocar una acción tumultuosa.*

Había dejado su piso de Madrid, frente a palacio, para estar cerca del monasterio de El Escorial, cuya biblioteca visitaba a diario, en su afán por aumentar su ya muy amplia cultura. Los frailes agustinos eran sus primeros admiradores; aunque esto de la admiración le importaba poco.

Fíjate que después de tantos años de estrenar comedias, algunas de gran éxito, por primera vez y gracias a mis series en la televisión, me felicitan los camareros del hotel y el chico de la gasolinera. Claro, ellos no suelen ir nunca al teatro, pero son eso que llaman teleadictos; *como lo es hoy medio mundo.*

Sus años de Hollywood —fue el español que más tiempo aguantó allí, contratado primero por la Metro y luego, por la Fox— le permitieron dominar el difícil arte/ciencia de la dirección cinematográfica. Regresado a España, Saturnino Ulargui le encomienda la realización de *La malquerida*, adaptando el drama de Benavente. Como comienzo del rodaje se fija la fecha del 20 de julio de 1936.

Naturalmente, la película no puede empezarse. Su amistad con el presidente de la República, Alcalá Zamora, le facilita la salida del Madrid en llamas, al siguiente año; vuelve a América y dirige un film en México. Otra vez en España, en 1940 podrá realizar por fin *La malquerida*. Y varias películas más: *Pepe Conde, Eugenia de Montijo, Alhucemas...*

Pero siempre me encargaban el cine que menos me

gustaba hacer. Porque yo pretendía un cine que a través de la inteligencia, provocara el humor.

No lo consiguió; pero pronto lograría encontrar esa línea en el teatro. *Celos del aire*, estrenada en 1950, en el teatro Español de Madrid, fue su consagración definitiva. Mantendría todo su crédito en sucesivos títulos; Lázaro Carreter define su teatro como *culto, espiritual, imaginativo, poético a ratos, punzante de ironía en otros, misterioso y amable.* Otras comedias: *Una madeja de lana azul celeste, Alberto* (nombre del protagonista, que nunca aparecía y sin embargo, estaba influyendo sobre todos los personajes), *Veinte y cuarenta, La otra orilla.* También tradujo a grandes autores extranjeros; a Oscar Wilde *(La importancia de llamarse Ernesto)*, a Arthur Miller *(La muerte de un viajante)*, a Frederic Knott *(Crimen perfecto)*, a Montherlant *(El cardenal de España).*

De vuelta de todo, doblando el cabo difícil de los setenta años, queda dicho que se refugió a la vera del monasterio escurialense y aplicó su talento, su humor y su cultura a escribir series televisivas de gran calidad: *Al filo de lo imposible, Mujeres insólitas.* Su inquietud por la historia le llevó a imaginar una *Entrevista con la Madre Teresa de Jesús*, en forma de diálogo, libro donde la santa de Ávila responde con palabras efectivamente suyas.

Sonreía siempre. Se lo comenté, mientras jugábamos una partida de dominó con Buero Vallejo (mi pareja en las fichas desde hace treinta años) y Víctor Ruiz Iriarte.

Sí. Siempre sonrío, porque no tomándome en serio a mí mismo, menos puedo tomarme en serio a los demás. Por ejemplo, yo no puedo aceptar a los que renuncian a unas creencias más o menos sólidas, pero en definitiva tradicionales, para creer en el libro ése de Mao-Tsé-tung.

Este personaje de tan alta categoría, sin anécdotas relevantes, se erigió en recopilador de las ajenas.

Ser superviviente —escribía en 1980— *es muy duro de llevar. Obliga a ser centinela alerta de la memoria; a poner en claro lo que queda a medias; a precisar fechas; restituir a su legítimo dueño la frase mal atribuida; poner cada título en su lugar descanso y reconstruir los hechos mal narrados, con el tímido derecho que da el haber sido testigo presencial; y poder situar a los personajes en la posición exacta, con su luz propia y a la hora fija...*

Así lo hizo y gracias a esa fidelidad de cronista de su generación literaria, tan sabiamente bautizada por él, podemos ahora conocerla en amplitud. Murió a los 93 años, en una residencia de ancianos de Aranjuez. Desde que ingresó en ella, se negó tozudamente a recibir visitas, a que los amigos fuéramos a verle. Dandy hasta el final, no quería ofrecernos la desoladora imagen de su vejez.

ENRIQUE HERREROS FRACASANDO EN SU
INTENTO DE CONVENCER A ÁLVARO DE LA IGLESIA
DE LO CONVENIENTE Y SATISFACTORIO QUE
RESULTA ESCALAR UNA MONTAÑA.

XI

ÁLVARO DE LAIGLESIA

Niño prodigio del periodismo y de la literatura de humor; Mozart de la pluma, diría un exegeta con poca imaginación. En 1937, con sólo quince añitos y en plena guerra, ya dirigía un semanario infantil titulado *Flechas*; al año siguiente era redactor-jefe de *La Ametralladora*, aquella revista que se inventaron Mihura y su estupenda tropa para llevar risas a los soldados que se estaban jugando la vida en las trincheras.

Cuando se fundó *La Codorniz*, en 1941, fue nombrado también redactor-jefe; allí recalaron los mismos de *La Ametralladora*, a los que fueron añadiéndose nuevos talentos del humor. Tres años después, Mihura, que era su director y propietario, se aburrió de tener que trabajar tanto (es un decir) y vendió sus derechos a Manuel Pombo Angulo, por 90 000 pesetas. Con ese dinero se marchó de vacaciones a Marruecos, mientras los nuevos empresarios hacían director del semanario a Alvarito. Porque todos seguían llamándole en diminutivo y así le llamamos el resto de su vida.

A los 22 años, pues, se puso al frente de *la revista más audaz para el lector más inteligente*, estupendo eslogan (la Real Academia quiere que lo escribamos con la *e* delante) que él inventó. A los 23 publicó su primera novela, *Un náufrago en la sopa*. Con periodicidad regular fueron apareciendo otras muchas; todas atraían por la originalidad y desfachatez de sus títulos. Juzguen ustedes algunos: *La gallina de los huevos de plomo; Dios le ampare, imbécil; En el cielo no hay almejas; Una larga y cálida meada; Las hijas de Pu; Fulanita y sus menganos; Nene, caca; Morir con las medias puestas...*

También escribió teatro, faltaría más, en colaboración con Mihura y con Janos Vaszary. Y dio centenares de conferencias, charlas radiofónicas y coloquios. Sobre todo, coloquios.

Porque me permitían una amplitud de expresión más ancha y menos arriesgada —explicaba, escocido por tantas multas y sanciones de la censura—. *Las palabras se las lleva el viento; las palabras volanderas que volaron no pueden presentarse como prueba acusatoria. Aunque para hablar con tranquilidad, es preciso comprobar que ningún espectador está provisto de magnetófono o chisme de grabación análogo, que impida que las palabras desaparezcan en el aire...*

A pesar de lo cual, después de uno de sus coloquios fue procesado, bajo la acusación de haber llamado *memo* a un ministro. Ocurrió en una pequeña capital provinciana y Álvaro le echaba la culpa a las declaraciones de algunos chivatos infiltrados en las filas de sus seguidores. Aunque su abogado defensor intentó probar que no dijo *el memo del ministro*, sino *la memez del ministro*, lo que ya no sería tan injurioso, le condenaron a seis meses y un día de prisión menor.

Por fortuna, la prisión era tan menor, tan menor, que en ella no cabía ni un solo preso; así que no me encerraron en la cárcel, aunque sí dentro del país, del que no pude salir en medio año.

El exitazo de *La Codorniz* convirtió la revista en mito, en leyenda. De tal modo que la gente le adjudicaba chistes o comentarios que nunca se habían publicado. Llegó a afirmarse que en los *partes meteorológicos* que aparecían en el semanario (naturalmente, en guasa) uno decía: *Reina en España un fresco general procedente de Galicia.*

¡Pues sí que estaba el patio para semejantes juegos de palabras! —confesaba Laiglesia—. *De tal manera, que decidí suprimir cualquier alusión a las condiciones atmosféricas, por temor a que se malinterpretase.*

También corrió el bulo de que se había publicado este teorema:

Almohadín es a Almohadón
lo que cojín es a equis
(y nos importa tres equis)
que nos cierren la edición).

Yo estaba tan cabreado por las constantes amenazas de suspensión que pesaban sobre nuestras ediciones, que me apropié del bulo y lo difundí todo lo que pude. Que pude mucho, ya que con el pretexto de desmentirlo aprovechaba todas las entrevistas que se me hacían para propagarlo. Con lo cual, el Postulado del almohadón *llegó a ser tan popular como el de Arquímedes.*

En uno de aquellos coloquios que tanto le divertían, un caballero muy serio le preguntó:

—¿Qué opina usted de que al hijo varón de los marqueses de Villaverde le hayan cambiado el orden de sus apellidos, con lo cual se llamará Francisco Franco Martínez?[1]

—Me parece tan pintoresco como si a mí me autorizasen a que *La Codorniz*, a partir de ahora, se llamase *Codorniz La*.

Bueno; pues se produjo de nuevo el fenómeno de la sugestión colectiva y numerosos lectores acudían a la redacción pretendiendo adquirir un ejemplar de *Codorniz La*, jurando que habían visto esa cabecera en los quioscos. Lo mismo que otros aseguraban haber leído un *mono* de Enrique Herreros que representaba a una señorita sentada en la calle, debajo de un balcón; y en el balcón el novio de la señorita sosteniendo sobre la cabeza de ella una maceta. Y éste era el (presunto) pie: *¿Se la tira o no se la tira?*

Nunca había aparecido en la revista aquel chiste, tan alejado del exquisito humor de Herreros. Semejantes aranas, consecuencia como decíamos del mismo éxito popular de *La Codorniz*, fueron desmentidas, años después, por el propio Álvaro de Laiglesia en su libro de recuerdos *La codorniz sin jaula*, que publicó en 1981, meses antes de morir.

En su currículum no falta la nota patriótica: a los 19 años, se marchó voluntario a Rusia, como soldado de la División Azul. Allí iba a coincidir con

1. Como la vida da muchas vueltas, aquello de alterar el orden de los apellidos, que tanto dio que hablar hace cuarenta años, va a normalizarse ahora con una ley pendiente de aprobación en el Congreso de los Diputados y cualquier ciudadano podrá hacerlo si le place.

varios escritores, todos mayores que él: Dionisio Ridruejo, Tomás Salvador, Luis Romero. Y con los más tarde famosos directores de cine Luis G. Berlanga y Pedro Lazaga. Y con el también posteriormente popular galán de la pantalla, José Suárez. Mihura le echaba la culpa de su abandono de la dirección de *La Codorniz* a este rapto de heroísmo de su redactor-jefe, que le privó de su principal colaborador. No era ésa la razón, como ya dije; sino que Miguel se había cansado de tanto trajín.

Regresó Álvaro de su aventura bélica con tiempo bastante para hacerse cargo de la dirección de la revista. Que mantendría 36 años consecutivos: todo un récord en la historia del periodismo español. La hizo compatible con otra invención suya, las charlas de humor, con posterior coloquio, en los *cruceros de verano* que allá por los cincuenta se pusieron de moda. A bordo de las más lujosas motonaves, debidamente retribuido (como era natural) por las empresas turísticas organizadoras de las vacaciones marítimas, se convirtió en uno de sus principales alicientes. Entre whisky y whisky (fue un entusiasta del escocés durante años; lo consumió en grandes dosis, hasta que los médicos tuvieron que prohibírselo a rajatabla), desgranaba sus ocurrencias y dialogaba después con los turistas/pasajeros, que se divertían muchísimo con su constante sentido del humor.

Ingenió secciones que pronto se hicieron famosas: como *La cárcel de papel*, a cargo de Evaristo Acevedo, el *¿Está usted seguro?* de Alfonso Sánchez y *El damero maldito*, semanal colaboración de la sin par Conchita Montes. Un buen día se le ocurrió que *La*

Codorniz declarase la guerra a Inglaterra, como protesta por el expolio de Gibraltar. Durante varias semanas se escribieron en sus páginas divertidísimos alegatos antibritánicos; madrina de semejante empresa humorístico-patriótica fue Sarita Montiel, entonces en la plenitud de su belleza.

En otra ocasión, ideó Álvaro otorgar unos premios cinematográficos, contrafigura de los Oscar, que se concedían a las peores películas y a los peores artistas. Les llamó *El Pepe de barro* y no dudó en otorgar los *galardones* a quienes se los merecieron, por muy amigos suyos que fuesen. Pero ya sabemos que el humor no abunda entre los españoles, por muy del cine que sean y los *premiados* se cabrearon infinitamente y tal escándalo se armó que hubo que suprimir la convocatoria semanal, en evitación de males mayores.

Al promulgarse la Ley de prensa en 1965 *La Codorniz* publicó una de sus portadas de mayor éxito: un dibujo de Julio Cebrián, que representaba a Fraga Iribarne llevando en brazos a un bebé (la ley, naturalmente). Y Álvaro arreció en la crítica política, siempre desde la óptica del humor. Pero los censores carecían por completo del más mínimo; de modo que comenzaron a caer sanciones sobre el director de la revista. Al principio, moderadas; pero muy duras en los años setenta, cuando la apariencia de una cierta apertura animó a Laiglesia a arremeter incluso contra el vicepresidente del gobierno. Consecuencia: tres meses de suspensión del semanario.

En muchas ocasiones, sin embargo, el ingenio de los colaboradores les permitía audacias que los tontos de la censura no captaban. Presumía Álvaro de que *La Codorniz* fue la primera publicación de la España franquista en cuya portada apareció un primerísimo plano de una mujer completamente desnuda. El genio de Enrique Herreros transformó con unos ligeros retoques la descarada desnudez de aquel cuerpo femenino en el rostro de un severo caballero. Bastaron para la transformación dos ojos estratégicamente colocados sobre los pezones de unas tetas magníficas, un orificio más junto al ombligo para sugerir los respiraderos de una nariz y una boca pintada utilizando como base un pliegue del vientre; boca a la que el matorral del vello púbico ponía una honorable barba.

Inocentes travesuras de esta clase (afirmaba Álvaro) fueron frecuentes. En muchas de las portadas, entre los personajes visibles que protagonizaban el chiste, había algunos personajillos casi invisibles a simple vista, que Herreros dibujaba con plumillas finísimas. De modo que, de haber empleado los censores la misma lupa que Herreros utilizaba para dibujar aquellos seres diminutos, se habrían encontrado con escenas eróticas altamente escandalosas para la estrechez mental de semejantes merluzos.

Que en 1975 se cebaron otra vez con *La Codorniz*. La revista llevaba varios números comentando los problemas de la Universidad y el 6 de abril dedicó un número extraordinario al tema, en el momento en que varios centros universitarios estaban clausurados por la autoridad gubernativa. En la portada, dibujada por Madrigal, unos estudiantes voladores se dirigían a la Universidad a Distancia, perseguidos por la Policía Armada, *los grises* se les llamaba. Y en un recuadro se incluía la leyenda *Ni rojos, ni azules, ni verdes, ni grises: por ahora solamente amoratados.*

Aumentada la agresividad de la portada por varias colaboraciones en el interior, especialmente una de Santiago Loren, *Diálogos de cama*, el Consejo de Ministros se enfadó tanto, que decidió suspender el semanario otros tres meses. Álvaro de Laiglesia comenzó a hartarse de tanta lucha; además, su salud ya le fallaba. En 1977 dejó la revista, que sin él sólo pudo malvivir dos años más. Quizás porque él y *La Codorniz* habían llegado a constituir un todo inseparable.

Y quizás por eso, Álvaro también sobrevivió pocos años a su obra. En su línea precoz, murió con sólo sesenta recién cumplidos; en Londres, adonde había ido a pasar unas vacaciones en compañía de Anne, su segunda mujer, inglesa, rubia y encantadora. Una muerte súbita, repentina, de esas que ahora se llevan tanto.

Muy pocos días antes, todavía en Madrid, había acudido a un programa televisivo, en el que denunció, una vez más, a la tristeza, de la que se declaraba máximo enemigo. Y en una patética broma, aseguró que había decidido no morirse nunca. Cruel sarcasmo: duró apenas una semana.

Fue aquélla su última y más tremenda humorada.

XII

MINGOTE

He decidido que Mingote sea el único humorista vivo que aparezca con extensión en este libro. Entre otras razones, porque es también actualmente el único académico del *sector*, como podríamos decir aplicando terminología laboral al género. Y porque acaba de cumplir ochenta años, cifra importante que justificó loas, homenajes, panegíricos y apologías más que merecidas. Y porque, en definitiva, si siempre anduvo muy al margen de vanidades y engreimientos, ahora, con la fama rebosándole y la edad distanciándole de vacuas farfollas, no le va a importar demasiado lo que de él pueda contar.

Aclaro, pues, que la ausencia de otros nombres de evidente categoría, también cultivadores del humor en la literatura o en el dibujo o en la expresión verbal no supone olvido ni menos, todavía, menosprecio. Todos éstos y algunos más merecían también estar en estas páginas: Ángel Palomino, Alfonso Ussía, Miguel Martín, Jaime Campmany, Kalikatres, Antonio Burgos, Máximo, Forges, Gallego y Rey, Gila, Mena, Ramón, Chumy-Chúmez, El roto, Rafael Castellano, Munoa, Ballesta, Ricardo y Nacho, Martinmorales, José Luis Coll, Dátile, Peridis y un etcétera muy largo. Pero ellos continúan ahí, en el tajo diario; y siempre he creído que esta clase de libros/anecdotario/recesión biográfica/antología, deben dedicarse tan sólo a quienes nos dejaron. Pues su definitiva ausencia ofrece una óptica mejor y una mayor objetividad para juzgar sus vidas y sus obras. Elucidación que confío que no sólo satisfaga a los maestros del humor en activo, todavía felizmente vivos, sino que incluso les haga desear que por muchos años no tenga ocasión de incluirles en sucesivas ediciones.

Retorno a Mingote. Que se llama, todo entero, Ángel Antonio Mingote Barrachina; lo cual está muy bien, porque en el fondo es un ángel. Eso que solemos llamar un ángel de bondad. Que disfraza el talento de sencillez; de naturalidad, su ilimitada capacidad de trabajo, y de generosa y noble bondad la aristada superficie de lo que cualquier nervioso llamaría la lucha por la vida (palabra de Cela: te alabamos, Camilo).

Nació en Sitges, pero de muy niño se trasladó a Daroca, con su familia. Su padre, don Ángel, era músico. Músico y musicólogo. En su biblioteca comienza a aficionarse el pequeño a la literatura; le gusta el teatro y ya dibuja: en una especie de periódico que hacía en casa, junto con un amiguete de la vecindad. Éste escribía los artículos y Antonio, los pies de los chistes que también dibujaba. Estudió bachillerato sin alardes, como un alumno normal y cuando lo hubo terminado se encontró con una sorpresa inesperada y nada agradable: había estallado la guerra civil.

No es Mingote hombre de anécdotas, precisamente por su misma timidez, por ese afán constante de no hacerse de notar; quizás porque tampoco es brillante en el trato social, entre otros motivos porque todo eso de la sociedad y sus fastos le trae al fresco. Y sin embargo, fue protagonista de una anécdota asombrosa, surrealista. Hizo la guerra en el ejército nacional (que antes, recuerda, en el otro lado los llamaban *fascistas* y ahora se les llama *los insurrectos*). En la academia de Ávila obtuvo la estrella de alférez provisional; el 25 de enero de 1939 llegó a las puertas de Barcelona, encuadrado como oficial en la 5.ª División de Navarra.

Sabía que su padre estaba preso en Valencia, por el pecado de ser carlista. Y que su madre vivía en Barcelona, todavía en poder de los *rojos* (ahora se les llama *republicanos*). El ejército nacional se detuvo en el Tibidabo, a la espera de la orden de tomar la capital catalana; orden que se demoraba hasta el día siguiente. Pero Antonio estaba deseando ver a su madre, alojada en casa de su tío Samuel, así que le dijo a su comandante: *Tengo que bajar ya a Barcelona, porque en la calle de Muntaner está mi madre. Hace tres años que no la veo y ya no puedo aguardar más. ¿Lo comprende, mi comandante?*

Tras una resistencia inevitable, el comandante le dio permiso, naturalmente bajo su exclusiva responsabilidad y haciendo como que él no se enteraba. Así que Mingote, en uniforme de oficial franquista y acompañado por su asistente, también uniformado, echó a andar y entró en Barcelona y la gente le miraba con asombro y él iba pensando la que se armaría si se cruzaban con un militar *de los otros*. Por fortuna no ocurrió nada; al llegar a casa de su tío le dijeron que su madre estaba en Sitges. Se volvió al Tibidabo y otra vez le pidió a su jefe: *Mi comandante, que ahora me marcho a Sitges...*

Y se fue a Sitges, unos pocos kilómetros en un camión y el resto, a pie. Llegó de madrugada, llamó a la puerta y oyó la voz de su madre, que decía: *¡Es mi hijo...!*

No le había visto; lo había adivinado con esa milagrosa intuición de las madres...

Al terminar la guerra civil, ingresó en la Academia de Transformación, de la que salió a los pocos meses convertido en teniente profesional. Era la forma de llevar un dinero a casa, porque sus padres estaban literalmente sin un duro. En la Academia escribía y dibujaba a mano, colaborando con otros compañeros, una revista, *La cabra*, sobre temas del propio Centro; tiraba las copias en ciclostil. Y también en la Academia aprendió a conducir; aunque curiosamente, lo hizo en un tanque. Quizás por eso, después no se ha animado nunca a manejar el automóvil.

Antonio insiste siempre en que, mientras estuvo en el Ejército, cumplió lo mejor que pudo y que se siente muy orgulloso de haber sido militar. Tiene muy buenos amigos entre sus antiguos compañeros; el primero, Ángel Palomino, que también fue oficial y como tal ejerció varios años, antes de hacer popular su nombre en *La Codorniz* y en tantas novelas de humor (y de éxito).

Todavía estaba Mingote en el Ejército cuando

comenzó a colaborar en *La Codorniz* con aquellos *monos* semanales de *la pareja siniestra.* Escribe una novela, *Las palmeras de cartón,* y estrena una revista en Barcelona, con música del maestro Moraleda. Pide la baja en la milicia; en 1953 Juan Ignacio Luca de Tena le ofrece la colaboración en *ABC,* su plataforma para la fama. Las gentes comienzan a decir eso que a él tanto le revienta: que es *la sonrisa de cada mañana.* Funda y dirige el semanario *Don José;* se ha casado, tiene un hijo. Andando el tiempo se divorciará, para casarse de nuevo en 1964 con Isabel Vigiola, su mujer actual, que había sido secretaria de Edgar Neville. Isabel le organiza su hasta entonces mal organizada vida; le pone a trabajar en serio. Ya no ha parado. Tampoco han cesado los reconocimientos oficiales a su talento: Caballero de la Orden de Isabel la Católica, en 1961. Medalla de Oro del Círculo de Bellas Artes. Alcalde honorario del parque del Retiro, en premio a sus diarios y largos paseos por sus jardines. Y además de otras muchas de menor cuantía, la más alta distinción a que puede aspirar un escritor: académico de la Real Academia Española de la Lengua.

Pero no todo el monte es orégano (nadie ha explicado por qué debía serlo) y en España no es frecuente el sentido del humor (¿cuántas veces lo hemos dicho?), sino que por el contrario, proliferan los reconcomidos, los suspicaces, los chinches y los murrios. De modo y manera que por un artículo publicado en *Don José,* que se titulaba *Congreso de ladrones,* se le enfadaron los del gremio de tenderos, que le pusieron una querella. Fue procesado y tuvo que sentarse en el banquillo; al final no pasó nada.

También salió con bien nada menos que en el Tribunal de Orden Público, adonde le llevaron por un chiste que representaba una botella con tapón irrellenable donde ponía *Reserva espiritual de Occidente* y en el pie se recogía una noticia de la prensa, según la cual, España era el país europeo con mayor índice de fraude. Le acusaron de *ultraje a la nación;* la cosa no prosperó.

El último problema gordo lo tuvo hace dos años, cuando publicó en *ABC* un *mono* en el que aparecía una víctima del terrorismo y al lado, el lema (bastante desafortunado) de la Consejería de Turismo del gobierno vasco: *Ven y cuéntalo.* Le pidieron seiscientos millones de pesetas de indemnización, pues la Consejería en cuestión opinaba que los turistas no iban a ir al País Vasco por culpa del chiste. La juez entendió que no había ánimo doloso y desestimó la querella; Antonio publicó un recuadro excusándose, ya que no había tenido la menor intención de perjudicar. ¿Cómo iba a tener él, caramba, ninguna mala intención?

En cambio, como defensor en los tribunales de sus derechos de autor, no ha tenido fortuna. En una tasca del viejo Madrid, el tabernero reprodujo a gran tamaño, en la pared del establecimiento, un dibujo de Mingote, con su firma y todo. Eso suele llamarse defraudación de la propiedad intelectual, cuando se hace sin permiso, como era el caso. Pero el juez interpretó (ahí queda eso) que se trataba de una muestra de admiración, de un homenaje al talento del autor del original; vamos, que encima tenía que estar agradecido por la rapiña artística. De prosperar semejante teoría, si un día los ladrones desvalijan el domicilio de Raphael (perdona, Natalia, es un decir como ejemplo) y se llevan la cubertería de plata y alguna que otra joya, podrán aducir que lo hicieron por su entusiasmo hacia el cantante, para tener un recuerdo suyo, como fervorosos *fans* de su arte.

Me dijo un día:

Nunca el humorismo puede ser tenido como una profesión. El humorismo es el signo del hombre evolucionado; puede ser gran humorista un ingeniero de montes, un abogado, un perito mercantil. Lo que pasa es que en este país nuestro necesitamos todavía evolucionar mucho para que todos seamos capaces de encajar de veras el humor, que todavía se les resiste a demasiados.

Precisó:

La gente continúa creyendo que tener sentido del humor es lo mismo que ser gracioso, chirigotero, eso que llaman festivo. Muchos se asombran al conocerme, porque pensaban que yo tenía que ser un tío la mar de jocoso, que estuviese continuamente contando chistes de baturros.

No, claro que no. Los chistes de Antonio tienen la profundidad, la ironía inmensa, la gracia limpia de aquel publicado en *ABC* y que es su preferido, entre tantos millares. Recuérdenlo: Velázquez pintando *Las meninas*, va y dice: *Pues hoy no se me ocurre nada...*

Presume de jugar bien al mus; aunque de eso presumen todos los aficionados. Al menos en teoría debe ser cierto, pues tiene publicado un manual sobre el tema. Y muchos libros, la mayoría enjoyados con ilustraciones propias: *Historia de Madrid*, *Historia de la gente* (que se lo tradujeron al japonés), *Histo-*

ria del traje, Pequeño planeta, Serios, decentes e inmutables, Hombre solo y *Hombre atónito*, que ahora ha fundido en uno solo, con el título del primero. La soledad es uno de sus temas constantes.

Porque es un problema muy gordo. Un tema de los más importantes. Las personas o deseamos estar solas y no lo conseguimos o cuando estamos solas, queremos encontrar la compañía de alguien. De todos modos, yo pienso que la soledad es enriquecedora.

—Este *solo* de tu hombre no lleva acento...

—Así caben dos interpretaciones del título: que se refiere a la soledad del hombre o que se trata de «sólo un hombre».

Tiene Mingote muchos amigos; dice que porque no molesta a nadie. Y no molesta porque lo encuentra inútil y porque no disfrutaría nada haciéndolo. Ama la libertad sobre todas las cosas; por eso no aceptó que le hiciese Luca de Tena redactor de *ABC*, como le había propuesto. Su única ideología política es ésa: la libertad.

Debo decir (y lo digo) que este talento, este hombre con un prodigioso sentido del humor, es además un buen hombre. Casi nada en estos tiempos.

XIII

ENRIQUE HERREROS

Entregó su vida a tres pasiones: la montaña, el dibujo y el cine. La primera, por supuesto, como afición; lo que los redichos llaman el *hobby*. Fue escalador, alpinista le decían antes, y no se arrugó ni ante el Naranjo de Bulnes. Durante años escribió un recuadro semanal en *Arriba* sobre estos temas. Y su mayor gozo consistía en llegar a lo alto de una cima, montar allí la tienda de campaña y pasarse unos días respirando el aire limpio de las cumbres. Así de tostado estaba; así de sano parecía estar. Se murió en un estúpido accidente de automóvil, cuando cercana la setentena, iba hacia Potes para realizar otra ascensión más.

De él nos interesa aquí su espléndida faceta de gran dibujante. De gran dibujante de humor, con un estilo personalísimo, autor de más de setecientas portadas de *La Codorniz* y de millares de chistes en sus páginas.

Ahí va uno. Un hombrecín de aquellos que dibujaba con barba y grandes manos le pide al empleado de la ventanilla de una estación:

—Deme un billete para Vigo.

—¿Ida y vuelta?

—Vuelta nada más. No me voy.

Otro, que fue portada. Dice el paciente: *Doctor, de tanto tocar el timbre, se me ha quedado el dedo afónico.*

Antes de la guerra civil tuvo a su cargo la publicidad de la distribuidora cinematográfica *Filmófono* y ya entonces sorprendió tanto por la calidad de los carteles que pintaba, como por su ingenio en los lanzamientos de las películas. Cuando se estrenó en Madrid *Alí Babá y los 40 ladrones* publicó un suelto en la prensa, anunciando que en un solar del barrio de Tetuán de las Victorias habían aparecido varias tinajas llenas de oro. Como puede suponerse, la gente acudió en tropel; y lo que se encontró fue a unos hombres vestidos a lo oriental, que repartían folletos de propaganda del film. Con lo cual éste, que era malo, obtuvo un considerable éxito popular.

Era pequeño, con el cráneo rapado al cero, en una anticipación de la moda que ahora han implantado los futbolistas, ojos vivos y risa intermitente y pícara. Se parecía un poco a alguno de sus propios *monos*; lo que, si bien se considera, suele ocurrirle a bastantes ilustres caricaturistas, que acaban reproduciéndose en sus personajes más asiduos. En los primeros días de la guerra civil, fue detenido y encarcelado en una checa; se fingió loco (cierto es que su aspecto le ayudaba bastante) y lo hizo tan bien, que le soltaron.

Sin que pueda saberse por qué, se convirtió en

seguida en secretario del embajador de una república hispanoamericana y amparado en la impunidad diplomática, se divertía paseando en un coche con matrícula C. D. y el banderín del país extranjero, por delante de la checa donde estuvo a punto de perder la vida. Naturalmente, en cuanto pudo escapó a la zona nacional, para integrarse en el equipo de humoristas que, capitaneados por Mihura, publicaban *La Ametralladora.* Y como todos sus compañeros, pasó a *La Codorniz* desde el primer número.

Dijimos que el cine fue otra de sus predilecciones. Íntimo amigo del director Rafael Gil, interpretó pequeños papeles en muchas películas; sus breves, pero eficacísimas intervenciones siempre provocaban la sonrisa. Y hasta dirigió dos filmes, *Esa muralla feliz* y *María Fernanda, la jerezana.* Lo mismo que su amigo Tono, a fuer de humorista, eligió unos temas dramáticos. Pero la calidad plástica de sus realizaciones era notoria; se notaba su gusto de buen pintor.

Porque fue un estupendo pintor, con especial habilidad para imitar los estilos de los grandes maestros. En su despacho de *Filmófono* tenía colocada una copia de *El infierno,* de El Bosco, admirablemente reproducido. Si bien con cierto matiz distintivo: a los condenados y a los demonios les había puesto la cara de personas que le caían mal. Un día apareció por allí cierto productor nada tonto, que se vio pintado entre las llamas. Nada más salir, telefoneó al director de la película que estaba preparando, para prohibirle que, en contra de lo que tenían previsto, trabajase en ella Herreros. En venganza,

Enrique le aumentó el tamaño de las llamas en las que estaba achicharrándose.

Uno de sus señores barbudos ordena al criado: *¡Bautista! Lleva este ramo de flores a la señora condesa y si te da propina, cómprame cien gramos de queso y un panecillo.*

Otro señor (naturalmente barbudo) le está diciendo a su hijo: *En mis tiempos éramos más respetuosos con nuestros padres. Yo, hasta que no cumplí los treinta años, no le pegué al mío el primer garrotazo.*

Un conferenciante desde el atril, ante una sala en la que únicamente hay un oyente:

—¡Respetable público...!

—¡Qué público ni qué tonterías! Llámeme simplemente Antonio...

En su constante vinculación con el cine, derivó allá por los años cincuenta al difícil oficio de *manager* de artistas. Según decía, porque semejante menester tenía la ventaja de no obligarle a madrugar. Comenzó representando a Nati Mistral, pero su gran éxito en el oficio lo alcanzó al hacerse cargo de los destinos artísticos de Sara (entonces, Sarita) Montiel. En realidad, *se inventó* la estrella, como tantas veces hacen en Hollywood los allí llamados *lanzadores de talentos.*

Bajo su patrocinio, la hermosa actriz conoció su época más gloriosa. Fiel a sus ideas publicitarias, Enrique le organizaba unos apoteósicos estrenos, en los que las enloquecidas *fans* y los entusiastas admiradores de la Montiel la aclamaban a su entrada en el cine, rompían las barreras de protección para poder besarla, gritaban, aclamaban y llegaban a detener el tráfico de la Gran Vía madrileña con su frenético entusiasmo. Naturalmente, aquellos fervorosos seguidores de Sarita eran *extras* debidamente aleccionados, tan ejemplares en el cumplimiento de su deber, que siempre acababan rompiendo los cristales de las puertas de entrada al local, en su desbocado ímpetu por acercarse a su ídolo. El importe de los desperfectos se pagaba después por la distribuidora del film, según previo acuerdo con la empresa exhibidora.

En los *monos* de Herreros, el dibujo tenía muchas veces más fuerza que el pie; por eso resulta difícil captar todo el humor que llevaban dentro, reproduciendo tan sólo el texto. Tal preponderancia de la ilustración se puede resumir en uno de sus chistes, cuyo argumento he olvidado. Recuerdo en cambio, perfectamente el dibujo. Sucedía en un teatro; había en la pared una de esas hornacinas rectangulares, en cuyo interior se encuentra un extintor de fuegos y en el cristal que lo cubre, el letrero *rómpase en caso de incendio*. Lo que Enrique había metido dentro, en vez del extintor, era un bombero, acurrucadito.

En una celda, un preso que viste chaqué y fuma puro le dice a otro: *En todas partes se puede prosperar, amigo mío. Yo empecé vendiendo mi ración de pan a los otros reclusos...*

Un médico brinca de alegría después de auscultar a un paciente, mientras grita: *¡Lo que yo decía, lo que yo decía! ¡Tisis galopante, tisis galopante!*

Probándose un sombrero, una mujer le dice a su marido:

—En comparación, es barato.

—¿En comparación a qué?

—En comparación a otro más caro.

Un hombre de rostro siniestro pide al dependiente de una bodega: *¿Puede usted venderme un barril vacío, en el que quepa una mujer de estatura mediana?*

Quizás cuando hablé de las pasiones de Enrique Herreros, debí incluir también el fútbol. O más exactamente el Real Madrid. Era un *forofo* del equipo del Bernabéu hasta el fanatismo. Contaban, que cierta temporada, hizo una original apuesta con un amigo suyo, *hincha* no menos apasionado del Atlético de Madrid. Mediado el campeonato de Liga, *merengues* y *colchoneros* se disputaban el primer puesto; la apuesta consistió en que, ante los naturales testigos, ambos amigos se comprometieron a colocar durante tres meses en su automóvil el banderín del *eterno rival* si éste ganaba finalmente el título.

La Liga no se decidió hasta la última jornada y fue campeón el Atlético. Con la natural guasa, compareció el apostante triunfador en la puerta del garaje en compañía de los testigos y entregó el banderín rojiblanco a Herreros. Colocó éste los colores enemigos sobre el parabrisas de su coche, según lo pactado; montó en él y lo volvió a meter en el garaje, para salir al cabo de un momento conduciendo otro vehículo distinto. Ante el asombro de los circunstantes explicó:

La apuesta consistía en colocar el banderín del enemigo en nuestro auto. Ya lo he hecho. Pero como yo no puedo cometer la indecencia de circular por esas calles luciendo semejantes colores, he alquilado este coche, que será el que utilice durante los tres meses pactados. Cumplo así con lo estipulado y no me envilezco.

Como tantos otros grandes humoristas, fue un sentimental frustrado, un triste reprimido. Y un solitario; quizás por eso se encontraba tan a gusto sobre los picachos nevados, sin otra compañía que su piolet, sus cuerdas y su jersey montañero. Disimuló su íntima amargura dándole un inteligente quiebro de sonrisas.

Señorita, desde el segundo día que la vi, mi corazón ha latido sólo por usted. El primer día no, porque tenía muchas cosas que hacer...

En la pista del circo, un hombre altísimo. Un espectador de primera fila, pregunta:

—¿De manera que es usted el gigante?

—Sí. ¿Quién se lo ha dicho?

Otra del circo. La funámbula está pasando la cuerda floja; la sigue un señor bajito, con gabán y (por supuesto) barba. Ella se vuelve y le dice muy enfadada: *¡Caballero, ya le he dicho en la calle que haga usted el favor de no seguirme!*

En una relojería, uno de sus hombrecitos ha puesto un reloj en el suelo y le dice al relojero: *¿Lo está usted viendo? Este reloj no anda.*

Un profesor, ante una pizarra, explica a sus alumnos: *«Dr.» es abreviatura de doctor, «Srta.», es abreviatura de señorita y «2» es abreviatura de 24.*

Y otro de médicos. El cirujano, a su paciente: *¡Nada, nada! Como ha venido usted tan recomendado, además de quitarle el apéndice, le quitaré también un poco de riñón y le cortaré el pelo.*

Era cliente asiduo, diario más bien, de Riscal, el restaurante donde, en los años cincuenta/sesenta se reunía la gente del espectáculo, las más famosas maniquíes de los modistos de la época y el añadido de unos *calaveras* fijos y otros ocasionales, que acudían mayormente para ligar con las elegantes piculinas que daban al local su mayor encanto (además de las famosas paellas). Dibujó un cuadro, que colgaba en una de las paredes, en el que podían verse los parroquianos más constantes, con Alfonso Camorra, el dueño, a su frente.

Por cierto que para Camorra había pintado unos cuadros preciosos, que talmente parecían Solanas y Goyas y que, al decir de malas lenguas, Alfonso colocó como auténticos a algunos palurdos adinerados. Ciertamente, la habilidad de Herreros para copiar a los grandes maestros de la pintura, resultaba extraordinaria. Porque —lo dije y debo repetirlo—, él era antes que nada, un pintor excepcional. Sus ilustraciones para el *Quijote* que publicó la Editora Nacional bastarían para demostrarlo. Aunque a un periodista que le preguntó si había ganado mucho dinero con sus dibujos, le contestó: *No, hombre. Con lo que yo he ganado más ha sido con los cuplés.*

A su muerte, especialmente dolorosa para sus amigos por lo inesperada, hubo que recordar aquel *mono* suyo, que representaba dos esqueletos sentados sobre una tumba. Y uno le explicaba al otro: *Mi padre me lo decía siempre: lo que importa es tener un empleo seguro...*

1941. EVARISTO ACEVEDO Y ANTONIO MINGOTE CELEBRANDO LA APARICIÓN DE LA NUEVA REVISTA Y SOÑANDO CON LA POSIBILIDAD DE PUBLICAR EN ELLA ALGUNA VEZ.

XIV

EVARISTO ACEVEDO

Que yo sepa, nadie se ha decidido a investigar acerca de la curiosa coincidencia en la sordera que aqueja a buena parte de los humoristas. Porque así es: muchos de ellos, especialmente los dibujantes, son (o fueron) sordos. Como ahora suelen decir los gilipollas, en su ridículo afán por edulcorar los vocablos que consideran ingratos, son (o fueron) *disminuidos auditivos.* (A los pobres locos les llaman *disminuidos psíquicos,* toma del frasco.)

Y van ejemplos: K-Hito, Orbegozo, Dávila, Goñi, Mingote. Menos éste (el único vivo de los citados y que sea por muchos años), todos los demás necesitaron la ayuda de sonotones para escuchar al prójimo. Aunque el sordo más sordo de todos los humoristas sordos fue Evaristo Acevedo, madrileño de menuda talla y extraordinaria ironía, también reparado de la vista, por lo que usaba gafas de alta graduación y con una voz tonante y chillona, personalísima, que servía de modo perfecto a su acento castizo, digno del más chuleta de los personajes de Arniches.

Tenía la cabeza como de garbanzo, lo que atribuía a su madrileñismo, tan estrechamente vinculado con el cocido. Escribió mucho y bien: ocho libros y tres comedias. Pero sobre todo, sus colaboraciones periodísticas le dieron amplia popularidad, además de proporcionarle continuos sobresaltos, según iremos viendo. Las más constantes y celebradas fueron en *La Codorniz*, donde tuvo a su cargo dos secciones semanales ya antológicas, *La cárcel de papel* y *La comisaría de papel* y en *Informaciones*: aquí firmaba a diario su recuadro *Con gafas destempladas*.

Estudiaba tercero de Derecho en la Universidad Central al estallar la guerra civil; a pesar de pertenecer precisamente al reemplazo de 1936, la sordera le sirvió para que fuese declarado apto tan sólo para servicios auxiliares. Así que tuvo que mostrarse agradecido a la otitis doble que le tenía perforado medio tímpano de cada oído, como consecuencia de un sarampión infantil. Al terminar la contienda ingresó en la Cartería Principal de Madrid, con la categoría laboral de cartero interino y, obviamente, se dedicó a repartir cartas.

Como no tenía uniforme —contaba—, *porque eran tiempos de austeridad en la Administración, para distinguir mi empleo llevaba un brazalete en la manga derecha en el que, en grandes letras, decía* Correos. *Aquello me daba mucha vergüenza, por si alguien podía interpretarlo como una incitación lujuriosa al orgasmo.*

Soltero durante muchos años (casó cuando frisaba los sesenta) vivió hasta entonces en la pensión *Arriazu*, en la madrileña calle de Arrieta, dos portales antes de donde tuvo su domicilio José Gómez,

Joselito. Dato aleccionador y alegórico, escribió, pues cuantos viven en pensiones suelen estar acostumbrados a las *cornadas* económicas. Claro que, en un principio, 1942, pagaba tan sólo siete pesetas diarias por la pensión completa, en cuarto interior. Cuando fue prosperando pudo cambiarse a dos habitaciones exteriores, una de las cuales le servía de despacho. Por entonces (1954) el precio se había puesto ya en sesenta pesetas, lavado de ropa y teléfono aparte.

Desde 1951 escribió asiduamente en *La Codorniz.* Su primer trabajo consistió en hacer una encuesta entre los miembros de la Real Academia de la Lengua, para conocer sus opiniones sobre el semanario, que cumplía diez años de existencia. Solamente siete académicos contestaron al cuestionario; don Julio Casares, secretario perpetuo de la docta casa, al enterarse de que lo habían hecho, dictó instrucciones a todos los demás para que se abstuvieran de opinar sobre un tema *que lindaba con la bagatela.* Así consideraban el humor, por entonces, la mayoría de los *inmortales.*

El primer tropezón de Evaristo con los tribunales de justicia se produjo en 1953, al publicar en *Informaciones* un artículo titulado *Los tozudos de la ilegalidad,* en el que aludía al fraude en el peso del pan que sistemáticamente venía cometiéndose en diversas tahonas de Madrid y como consecuencia del cual, la Comisaría de Abastecimientos impuso cuantiosas multas e incluso acordó el cierre de algunas panaderías.

Pero un grupo de panaderos se consideraron ofendidos por las chanzas de Acevedo y le demandaron en conciliación, para que se aviniese a rectificarlas. A lo que se negó, alegando que en su artículo no acusaba a todos los panaderos en general, sino solamente a los sancionados por sus irregularidades. De modo que si se le facilitaba una relación de industriales del ramo que nunca hubiesen sido multados, estaba dispuesto a publicar otro artículo, que titularía *Los respetables panaderos*, en los que daría sus nombres.

No hubo, por tanto, avenencia; tampoco los presuntamente ofendidos siguieron adelante con el procedimiento. Todo se quedó en un susto. Como le ocurrió, al año siguiente, cuando publicó un artículo en la cadena de periódicos de la Prensa del Movimiento, *Las criadas, felicidad de los reclutas*, ironizando sobre el servicio militar. El capitán general de Cataluña lo estimó injurioso para el ejército y le abrió un expediente, que terminó con el sobreseimiento. Otro susto sin mayores complicaciones.

Muchas iba a traerle, en cambio, su *Cárcel de papel* de *La Codorniz*. Aunque algunas resultaran tan chuscas como la sucedida con Gloria Lasso, la cantante que por entonces, 1959, triunfaba en París y, de refilón, también en España. Evaristo la *encarceló* en su sección semanal de la revista, por los disparates gramaticales que aparecían en los folletos propagandísticos que se repartieron durante su actuación en Murcia. Le impuso la *pena* de una *prisión correccional* de siete días y una hora, naturalmente en la cárcel de papel. Pero con notorio despiste, en el diario parisién *Paris Jour* se lo tomaron en serio y como la popularidad de Gloria era entonces muy grande en la capital francesa, dieron en un gran titular esta noticia, que no hará falta, supongo, traducir: *Gloria Lasso, condamné en Espagne à prison.* Tampoco pasó nada; la cantante mandó una carta al diario francés, otra a *Pueblo,* que había recogido la plancha y Evaristo se enfadó mucho porque el agregado de prensa de nuestra embajada en París no había aclarado a su tiempo el error de la noticia.

La susceptibilidad de los ciudadanos de este país se manifestó de nuevo cuando Acevedo publicó en su habitual colaboración de *Informaciones* una *Carta abierta al elefante del Retiro.* Dada la vejez del paquidermo, solicitaba que fuese jubilado, pues ya tenía delicado el estómago y los cacahuetes que le daban los niños le sentaban como un tiro, ya que su estómago sólo estaba para sopitas de leche. Éste fue el párrafo que desencadenó las iras de los quisquillosos: *En realidad, caduco paquidermo, lo que a ti te sucede les ocurre también a tus compañeros de jaula, que parecen haber sido proporcionados por unos «Saldos Arias» de la selva.*

Al día siguiente de aparecer el artículo, le llamó el director: *Me gustó mucho su* Carta abierta al elefante del Retiro. *Un artículo muy bonito, sí. Un artículo que le va a costar a la empresa varios miles de pesetas mensuales.*

Le entregó una carta, con el membrete de la agencia publicitaria que gestionaba la muy abundante propaganda diaria de *Saldos Arias* en *Informaciones.*

—Como verá, a la empresa en cuestión no le ha hecho ninguna gracia y nos retiran la publicidad, ¿qué le parece?

—Un exceso de susceptibilidad —contestó Acevedo—. ¿Tiene por ahí un diccionario?

Y leyó la acepción que de *saldo* da la Real Academia: *resto de mercancías que el fabricante o el comerciante vende a bajo precio para deshacerse de ellas.*

—O sea que mi comparación no encierra desprecio ni descrédito para los *Saldos Arias*, a quienes ruego que exprese mis respetos. De todas formas y como no quiero perjudicar al periódico, pueden dejar de abonarme mis colaboraciones durante cierto tiempo, con el fin de compensar a la empresa, en parte, de la pérdida que le he causado involuntariamente.

La generosa oferta de Evaristo no fue aceptada. Siguió cobrando sus haberes; además, pasados veinte días, *Saldos Arias* volvieron a anunciarse en las páginas de *Informaciones* lo mismo que antes.

Pero por un momento —confesaba Acevedo— *llegué a temer verme trabajando varios meses gratis, para disminuir el volumen del déficit que el periódico sufrió por mi culpa...*

Sin embargo, no escarmentó. En 1956 estuvo a punto de provocar otro desastre financiero en el diario, al publicar un artículo, *El misterio del Rolls Royce*, en el que comentaba el insólito hecho de que todas las mañanas, un lujoso *Rolls* (cuya matrícula facilitaba) permaneciese estacionado varias horas frente al Banco Ibérico, en la entonces avenida de José Antonio (hoy, Gran Vía), donde por las trazas tenía cuatro metros reservados en exclusiva, pese a tratarse de un vehículo de propiedad particular.

Particular sí que era. Y propiedad nada menos que de don Alfonso Fierro, presidente del Consejo del Banco Ibérico. Cuyo hijo hizo publicar en *Infor-*

maciones una *aclaración* nada afortunada, en la que explicaba que el irregular aparcamiento del *Rolls* paterno se debía a *la benevolencia de un modesto guardia de tráfico,* a quien como consecuencia del artículo le habían abierto expediente en el Ayuntamiento. Ni que decir tiene que Evaristo escribió al otro día la réplica: una *Respuesta a un hijo amantísimo* absolutamente demoledora.

El escándalo fue tremendo. Las muchas empresas controladas por el Ibérico surtían de abundante publicidad (pagada, claro está) a *Informaciones.* Fierro era persona muy influyente, también en la prensa. Por lo que en algún momento las altas instancias del periódico dudaron en publicar la réplica de Evaristo. Incluso hubo presiones sobre el director. Cuando el personal de talleres tuvo conocimiento de ello, hizo saber al regente de la imprenta que si no se publicaba el artículo, *Informaciones* no saldría a la calle.

No conocí todos estos detalles hasta una semana después. Así que aquel 27 de abril de 1956 fue un día histórico para mí: estuve a punto de provocar un cisma en el diario, con paro laboral y todo...

Desde el siguiente año, Evaristo iba a empeñarse en una constante pugna con los sucesivos directores del periódico para intentar conseguir el puesto de redactor, al que tenía perfecto derecho. Vano empeño. Una de las veces en que discutió el tema con el administrador, éste le echó en cara:

—He observado que algunos de sus artículos tienen matiz marxista.

—¿Qué otro matiz van a tener, si ustedes me pagan nada más que 75 pesetas por cada uno?

Pero la fama de Acevedo como periodista de hiriente sentido crítico, siempre matizado por el humor, era ya tan grande, que le *ficharon* como a un futbolista de categoría. En 1960, Emilio Romero le ofreció pasar a *Pueblo*, en su ansiado puesto de redactor de primera y con muchas mejores condiciones económicas. No lo dudó; dejó *Informaciones* después de casi siete años de trabajar como columnista diario y de haber escrito más de tres mil artículos. El director del periódico se enfadó mucho, como era de esperar y pretendió retenerle, accediendo entonces a sus viejas demandas. Ya era tarde.

Cambió el título de la sección, llamándola *El palo y la vela*. Pero mantuvo su habitual talante sarcástico en el tratamiento de los temas de mayor actualidad. De tal modo que con su primer artículo en *Pueblo* ya provocó airadas reacciones. Se llamaba *Las caridades baratas* y en él ironizaba sobre las ridículas campañas pretendidamente caritativas que se habían puesto de moda:

Hace algo más de un año se celebró en el país la llamada «Operación botella». ¿Para impulsar a los hispanos a la bebida y robustecer la industria vitivinícola? No. Para recoger cascos vacíos, venderlos y con el producto construir viviendas para familias pobres. Ahora acaba de comenzar en la celtíbera Antequera la «Operación desván». ¿Se intenta desinfectar las buhardillas, combatiendo a las posibles ratas y ratones que en ellas puedan albergarse? Tampoco. El propósito es recoger diversos e inservibles trastos hogareños, ponerlos a la venta y construir viviendas para las familias pobres con lo que se recaude. Pero estas operaciones de iniciativa particular encierran un peligro: la desvalorización de la caridad [...]

Causa extrañeza que ahora, cuando algunos se quejan de que la vida está cara, ningún cristiano se lamente de que la caridad esté tan barata. Porque lo está. Basta entregar una botella vacía, una silla a la que le faltan tres patas o cinco kilos de papel viejo, para poder afirmar a voces: ¡Soy caritativo! ¡Soy caritativo...!

En seguida saltaron los pejigueros, los tiquismiquis, los estreñidos con sus airadas protestas. Se publicaron artículos poniendo tibio a Evaristo y *cartas al director*, muchas *cartas al director* en los periódicos, repudiando acerbamente sus puntos de vista. Las contestó y no sólo en las páginas de su sección, sino incluso personalmente; pues una de sus costumbres era establecer correspondencia particular con quienes arremetían contra sus artículos, siempre que lo hicieran con la debida compostura.

Lo pasaba muy bien echando abajo sus opiniones; aunque aquellas cuartillas, que fueron muchísimas a lo largo de treinta años, no me reportaban ningún beneficio económico...

Y como no se arredraba ante nada ni ante nadie, empezó a meter en su *Cárcel de papel* de *La Codorniz* a ministros y altas jerarquías del régimen. Para empezar, *encausó* al ministro de Hacienda, por unas confusas declaraciones que había efectuado al regresar de una reunión del Banco Mundial celebrada en Washington. En octubre de 1972 y en números sucesivos, fueron objeto de sus *sentencias* condenatorias: Laureano López Rodó, el ministro de Obras Públicas, y José Luis Villar Palasí, que lo era de Educación y Ciencia. El pitorreo dedicado a éste por su preámbulo al Decreto declarando *paraje pintoresco* a determinadas zonas de la Costa Brava ocasionó la primera llamada del Tribunal de Orden Público.

El asesor jurídico de *La Codorniz* le sugirió entonces que prescindiese de meter ministros en la *Cárcel de papel*.

De acuerdo —aceptó Evaristo—. *Incluso soy partidario de poner al lado de la sección un recuadro con la advertencia:* Reservado el derecho de admisión. Ministros, abstenerse.

Pero el mismo día en que había prestado declaración ante los severos magistrados, que parecían inclinados a la benevolencia, por la cosa del *animus jocandi*, colgaba de los quioscos el último número del semanario. Esta vez, el *condenado* era Torcuato Fernández Miranda, *de profesión sus tendencias* y la *sentencia*, a propósito de la intervención del ministro en las Cortes informando sobre el proyecto de ley de las asociaciones políticas, no tenía desperdicio.

RESULTANDO: que el señor Fernández Miranda comunica: decir sí o no a las asociaciones es sencillamente una trampa saducea. El tema está en ver si diciendo sí al asociacionismo político, se dice también sí o no o no se dice sí, sino no, a los partidos políticos.

RESULTANDO: que el señor ministro sigue comunicando: Ahora lo cambiaría por lo siguiente: la posibilidad de distintas corrientes o tendencias dentro del Movimiento, una pluralidad de tendencias o de corrientes en el mecanismo de la acción política.

Tras recoger en varios *resultandos* otras cuantas frases cabalísticas de don Torcuato, Evaristo le aconsejaba seguir adelante con las corrientes, *pero procurando que no produzcan enojosos catarros.* Y remataba:

CONSIDERANDO: que con permiso de la polución atmosférica, ya podemos respirar tranquilos,

FALLAMOS Y CONDENAMOS a don Torcuato Fernández Miranda a la pena de prisión correccional de siete días y una hora en la Cárcel de Papel de esta Villa.

Al señor ministro, asturiano serio y circunspecto, de sólida cultura e intachable integridad, pero nada proclive al humor, no le hizo ninguna gracia la *sentencia.* Y esta vez, el Tribunal de Orden Público tampoco se anduvo con chiquitas: multó al director de *La Codorniz* con 250 000 pesetas y sancionó a la revista con cuatro meses de suspensión. Los cargos eran muy diversos; entre ellos, otra *sentencia* de Evaristo, en la que había *condenado* a los autores del libro *Los 90 ministros de Franco* porque, según sus *considerandos,* algunas afirmaciones *desorientan al noble pueblo español.*

Pues en él se escribía que el general Dávila *había gozado de gran prestigio en el Ejército e incluso, antes de fallecer, era consultado por Franco en casos de importancia.* Y con toda razón (y con mucha guasa) comentaba Evaristo: *Ese «antes de fallecer» sobra; después de muerto, no creemos que nadie pretendiera consultar con él.*

Al llegar la transición, la mordacidad de Evaristo Acevedo en los temas políticos perdió buena parte de su interés, como no podía por menos que ocurrir. Siguió con sus colaboraciones, con sus críticas a cuestiones de actualidad, se asomó a la radio, presidió el popular Club de Prensa del *Garbanzo de Plata,* escribió un libro de recuerdos profesionales, prodigó en la vida cotidiana su humor y su talento. Y un mal día, nos dejó para siempre. Ha sido uno de los escritores con mayor agudeza de que hemos disfrutado. Y un colosal periodista. Pero, fundamentalmente modesto, poco dado al exhibicionismo y a los fastos sociales, ese carácter suyo tuvo, sin duda, la culpa de que no se le reconociera debidamente la labor que desarrolló como singular humorista.

XV

JULIO CAMBA Y OTROS MÁS

Gallego de pura cepa (Villagarcía de Arosa, 1882) es el suyo un sentido del humor muy británico; según González Ruano, *fino y de buena estirpe literaria.* No puede adscribírsele a ninguno de los grupos que le continuaron en el género; ni por su edad ni, sobre todo, por su estilo. Con la irrupción de *La Codorniz* quedó desplazado por las nuevas tendencias; sólo publicó desde entonces tres libros; uno, antología de su anterior obra. Aunque siguió escribiendo espléndidos artículos periodísticos e insuperables crónicas. Fue premio *Mariano de Cavia,* en 1951.

Viajero constante, le cuadra a Camba lo de escritor cosmopolita; hoy destacaría su europeísmo, aunque en su tiempo lo que sorprendía era su capacidad para el turismo literario. (Estos escritores que forjaron su mejor obra en los *felices veinte* no tenían un duro, pero vivían colosalmente. Claro que solían encontrar admiradores con dinero, también famosos en otras actividades y siempre generosos.)

Muy amigo de Camba y fiel seguidor suyo fue Juan Belmonte. Le convidaba con frecuencia a su cortijo *Gómez Cardeña,* en Utrera; en cierta ocasión compartió invitación con el escultor Sebastián Miranda. Tratados a cuerpo de rey y con todos los gastos cubiertos, el torero observó que, sin embargo, parecían tristes. Y les preguntó qué les sucedía. Con pasmosa tranquilidad le contestaron: *Que nos falta dinero para el bolsillo.*

Muchas anécdotas vivieron juntos el escritor y el *Pasmo de Triana.* Se hablaba de un antiguo banderillero de Juan, que se dedicó a la política y fue nombrado alcalde de su pueblo.

—¿Y cómo ha llegado de banderillero a alcalde? —le preguntó Julio.

—Pues ya ves: degenerando...

En 1916 publicó Camba *Londres, Alemania* y *Playas, ciudades y montañas.* Alcanzó notoriedad por sus crónicas sobre la guerra europea; *Un año en el otro mundo, La rana viajera* y *Aventuras de una peseta* fueron sus siguientes libros. De 1929 data el título que le dio mayor fama: *La casa de Lúculo.* Su devoción por la buena mesa, combinada con su agudeza le permitieron recoger en un tomito lo que llamó *excursión a través de la cocina universal.*

Aquí donde ustedes me ven —confesaba en un prólogo que llamó *Hors-d'œuvre,* es decir, entremeses— *yo me he dado muy buenas panzadas en este mundo y el* embonpoint *que empieza a caracterizarme está hecho con materias de la mejor calidad. Quizás alguna vez no haya andado muy sobrado de recursos; pero en la falta de recursos es precisamente donde comienza el apetito, base de la gastronomía.*

Desarrolla a continuación una curiosa teoría: las gentes de dinero no pueden reservarse el estómago para las grandes ocasiones, pues para ellas, la comida constituye uno de tantos deberes sociales.

Comprenderás —le dice la esposa al marido reluctante, con ese sentido económico tan característico de las mujeres ricas— *que para tomar huevos pasados por agua no vamos a tener un cocinero con ese sueldo. Que nos prepare, por lo menos, un foie-gras al oporto...*

Para Camba, la gastronomía es un arte de las clases medias y mejor aún, de esas clases alternas que pasan meses de privación y semanas o días de opulencia. *Las obras maestras culinarias* —explica— *hay que irlas espaciando cada vez más y ¿cómo podría espaciarlas el verdadero aficionado, si la necesidad no le obligase a ello?*

No era partidario del ajo, aunque aceptaba que se usara (obvio) en las sopas de ajo. Tampoco, de los potajes cuaresmales; en cambio, el cerdo le parecía un manjar de los más sabrosos. Y Madrid, la capital gastronómica de España, porque en Madrid luchan todas las cocinas regionales: la vasca, la andaluza, la levantina, la gallego-asturiana. En definitiva, el libro es un curioso y divertido análisis de las principales tendencias gastronómicas. Lo termina con dos ensayos sobre la gula y con unas *Normas del perfecto invitado*. Entre ellas:

- Cuando aparezca en la mesa un plato notoriamente inferior a todos los otros, elógiese sin reservas. Indudablemente, ese plato es obra de la dueña de la casa.
- Cuide bien a su vecina de mesa y si le falta

pan o vino, pásele el vino o el pan de su vecino, a quien no puede usted por menos que suponer un hombre galante.

• Si no sabe usted pelar las frutas de un modo elegante, agárrese a las teorías de las vitaminas y renuncie a pelarlas.

• Tenga siempre un régimen alimenticio, un régimen contra la obesidad, contra la arteriosclerosis o contra cualquier cosa y cuando le den una mala comida, apóyese en el régimen. Es la mejor política.

Entusiasta de Londres y de su *aire de puré de guisantes,* escapó de Madrid a poco de comenzar la guerra civil. Se justificaba así ante Ortega y Gasset, años más tarde, cuando ambos coincidieron en Lisboa: *No me iba a quedar para que me pusieran a apisonar carreteras, mientras circulaban en magníficos automóviles Álvarez del Vayo y Araquistain y me echaban al pasar el polvo por la cara.*

Estaba cenando en un restaurante; en una mesa contigua, un matrimonio comía un suculento besugo al horno. Al terminar Camba, cuando salía y al pasar frente a sus vecinos, les saludó muy reverenciosamente.

El marido se levantó, extrañado.

—Perdone —le dijo—, agradezco mucho su saludo, pero creo que no tengo el gusto de conocerle.

—Es que yo no le saludaba a usted, caballero, saludaba al besugo, que es un viejo conocido, ya que hace dos meses que le estoy viendo en el escaparate.

En sus últimos años (murió en 1962) vivía en el Palace de Madrid, como un señor. Buen recuerdo debió dejar, ya que tiene dedicado a su nombre uno de los mejores salones del hotel. Singular humorista este Camba, maestro del buen vivir y del mejor comer. Sin más fortuna que el periodismo y la literatura; lo que en su época tuvo mérito.

*

NOEL CLARASÓ, fecundo escritor catalán, con más de cuarenta libros publicados entre 1954 y 1981, articulista, colaborador en las principales revistas de humor de la época, guionista o argumentista de catorce películas, está hoy injustamente olvidado. Hasta el punto de que su nombre lo desconocen las enciclopedias e incluso un *Diccionario de escritores* publicado por la Asociación Colegial de Escritores de España.

Gozó en su tiempo de gran aceptación popular; hacía un humor muy personal, sin posible encaje en ninguna tendencia determinada. Quizás podríamos emparentarlo con el de su paisano Santiago Rusiñol, aquel gran coñón que iba por los pueblos vendiendo duros a cuatro pesetas.

Noel Clarasó merece ser reeditado; las nuevas generaciones de lectores lo agradecerán.

VÍCTOR RUIZ IRIARTE. Autor teatral que alcanzó buenos éxitos en los años cincuenta/sesenta con sus comedias amables, muchas de ellas en clave de farsa, que buscaban provocar la sonrisa por medio de un humor ligero y, en cierta medida, ingenuo. Nacido en Madrid, en 1912, se dio a conocer con *Un día en la gloria* y sus obras más destacadas pueden ser *Juego de niños, La guerra empieza en Cuba* y *La muchacha del sombrerito rosa.*

Víctor padecía una malformación congénita, acondroplasia, variedad del enanismo consistente en tener cortos los brazos y las piernas y normales el tronco y la cabeza. (La misma deformidad de Toulouse-Lautrec.) Pese a ello, alternaba con absoluta normalidad entre escritores y gentes del teatro y eran constantes su sonrisa y su afabilidad. Hasta tal punto parecía carecer de complejos, que cuando una noche, en su habitual tertulia del Café Gijón, el crítico Haro Tecglen (1,85 de estatura) comentó estar invitado a un estreno de gala, al que no podía asistir porque no tenía esmoquin, Ruiz Iriarte le dijo: *Te prestaría el mío con mucho gusto; pero lo mandé ayer a limpiar a la tintorería...*

JUAN PÉREZ ZÚÑIGA (Madrid, 1860-1938) es otro de los humoristas arrinconados por el tiempo. Y eso que publicó cincuenta libros y estrenó muchas comedias. Sus *Viajes morrocotudos,* parodia de las novelas *cosmopolitas,* tan de moda en los años de la *belle epoque,* tuvieron notable éxito. Como sus obras teatrales *El traje de gala, La manía de papá* y *El abrigo de pieles.*

FRANCISCO RAMOS DE CASTRO, también madrileño (1890-1963), menudo, vivaz, con un enorme sentido del humor y gran capacidad de trabajo, escribió sainetes *(Pare usted la jaca, amigo),* libretos de zarzuela *(La del manojo de rosas)* y de revista *(¡Gol...!)* hasta casi un centenar de títulos. Hizo también guiones cinematográficos; y uno de sus más notables éxitos lo alcanzó poniendo comentarios humorísticos a las viejas películas mudas de Larry Semon, rebautizado para aquella serie como *Jaimito.* El propio Ramos de Castro, con su voz campanuda, los decía en *off.*

Allá por los años cincuenta había un autor teatral, de siempre algo endiosado, a quien el buen éxito de sus últimas comedias tenía absolutamente enfatuado. Presumía de seductor (andaba por los sesenta bien cumplidos) y por lo bajini, puesto que *era un caballero* (según él), alardeaba de haberse acostado con determinada actriz. Ramos de Castro, fingiendo ignorar el coito, le dijo un día al jactancioso, también en plan muy confidencial:

—¿Sabes lo de Fulanita...? (Era la dama en cuestión.)

—Que es una belleza.

—Sí, sí; pero además, resulta que ya les ha contagiado su blenorragia a dos amigos míos que hicieron el amor con ella...

El autor/tenorio palideció y fue deprisa y corriendo a hacerse un análisis.

José María Pemán. En la gigantesca obra literaria de Pemán, tan varia, se encuentran algunos títulos exclusivamente de humor. Tanto en la novela *(De Madrid a Oviedo pasando por las Azores)* como en el teatro. (Entre otros, *Los tres etcéteras de don Simón.*)

Como articulista, hizo popular el personaje de *El Séneca,* que convertiría después en protagonista de una celebrada serie televisiva. Y en sus comentarios políticos, tuvo siempre una especial habilidad para enmascarar con el humor las más duras críticas. Así pudo escribir que *Franco ha tenido colaboradores con voto de pobreza y con voto de riqueza.* O aquello otro: *Económicamente vivimos un plan de desarrollo; políticamente, un desarrollo con poco plan.*

Entre otras muchas anécdotas, contó la de Eugenio d'Ors, cuando se había anunciado una visita de Franco a Pamplona. Dijo *Xenius*:

—Espero que Franco vendrá a visitarme.

—Me parece excesiva ambición, maestro —le comentó Pemán.

—¿Por qué? Napoleón, cuando pasó por Weimar, fue a visitar a Goethe.

—Pero usted no es Goethe.

—Él tampoco es Napoleón...

A un amigo, que acababa de elogiarle diciendo que era *el hombre que mejor habla en España* y que le pidió su opinión sobre Franco, le respondió: *Es el hombre que mejor calla en España...*

Y LOS TOREROS...

Sí; porque al intentar comprender lo que es *el sentido del humor* hemos dicho, en las primeras páginas de este libro, que pueden tenerlo, y de hecho lo tienen, muchas personas ajenas al oficio de escribir. Antonio Mingote lo confirma en su capítulo.

Curiosamente, los toreros siempre han tenido un espléndido sentido del humor. Como si el diario coqueteo con la muerte avivase su ironía, ese distanciamiento de lo vulgar, *el razonar más allá de lo razonable* que, también al decir de Mingote, es una de las características del auténtico humorista.

Le presentaron a Rafael *El Gallo*, a Ortega y Gasset. Cuando se marchó don José, preguntó *El Divino Calvo*:

—¿Y ese señor a qué se dedica?

—Es filósofo.

—Hay gente *pá tó*.

Valle-Inclán, en charla con Juan Belmonte, le elogiaba su arte, su valor, la auténtica revolución que había provocado en el toreo.

—Para ser el mejor de todos los tiempos, sólo te falta morir en la plaza.

—Se hará lo que se pueda, don Ramón —contestó Juan.

Otra del *Gallo*. Toreaba con su hermano José; fue una de sus tardes aciagas, con espantás, avisos y lluvia de almohadillas. Un espectador, en pleno ataque de indignación, le gritó *¡hijo de puta!* Dijo Rafael a su hermano: *Anda, contesta tú, que vas al cincuenta por ciento.*

PARA TERMINAR, BAROJA. Pues por extraño que pueda parecer, don Pío se ocupó del humor en la literatura, del humor como forma de ser e incluso escribió un libro sobre el tema: *La caverna del humorismo*. Que es, por cierto, de los menos conocidos del autor vasco.

Allí afirma que *el humorismo es una característica individual que se da entre gentes de sensibilidad aguada y en medios de cultura avanzados.* Su habitual machismo se manifiesta en este otro comentario: *Las mujeres no sienten el humorismo. En esto les pasa como a los meridionales y a los judíos: tienen mucha fisiología, mucha pasión para ver el espectáculo del mundo desde lo alto de la montaña. Ellas no se contentan nunca con ser espec-*

tadoras; quieren la intervención [...] *Lo femenino es siempre serio; las mujeres rechazan la risa y, sobre todo, el humor.*

Quiero cerrar este recorrido por nuestros humoristas con una frase de Baroja, ciertamente hermosa: *Se necesita la altura, el aire puro de la montaña, para poder reír mirando al cielo. Se necesita la sencillez, la humildad de corazón para reír en el fondo del valle. Sin una cosa ni otra, se hacen gestos, pero no se ríe.*

BIBLIOGRAFÍA

Acevedo, Evaristo, *Un humorista en la España de Franco*, Editorial Planeta, 1976.

Baon, Rogelio, *La cara humana de un caudillo*, Editorial San Martín, 1975.

Baroja, Pío, *La caverna del humorismo*, Editorial Caro Raggio, 1986.

Bécquer, Gustavo, *Los Borbones en pelota*, Editorial Museo Universal, 1991.

Camba, Julio, *La casa de Lúculo*, Editorial Temas de Hoy, 1999.

Camón Aznar, José, *Gómez de la Serna en sus obras*, Editorial Espasa-Calpe, 1972.

Campmany, Jaime, *El jardín de las víboras*, Editorial Espasa-Calpe, 1996.

Carandell, Luis, *Se abre la sesión*, Editorial Planeta, 1998.

Díaz-Plaja, Fernando, *W. Fernández Flórez, el conservador subversivo*, Editorial F. Conde de Fenosa, 1997.

—, *La historia menuda de los Borbones*, Editorial Planeta, 1998.

Entrambasaguas, Joaquín, *Las mejores novelas contemporáneas*, Editorial Planeta, 1961.

Fernán-Gómez, Fernando, *El tiempo amarillo. Memorias*, vol. II, Editorial Debate, 1990.
Fernández Flórez, Wenceslao, *El humor en la literatura española* (Discurso de ingreso en la RAEL), 1945.
González Ruano, César, *Diario íntimo*, Editorial Taurus, 1970.
Jardiel Poncela, Enrique, *El libro del convaleciente*, Editorial Librería General, 1938.
Laiglesia, Álvaro de, *La codorniz sin jaula*, Editorial Planeta, 1981.
López Rubio, José, *La otra generación del 27* (Discurso de ingreso en la RAEL), 1983.
Luca de Tena, Juan I., *Mis amigos muertos*, Editorial Planeta, 1971.
Martín, Miguel, *El hombre que mató a Jardiel Poncela*, Editorial Planeta, 1998.
Mihura, Miguel, *Mis memorias*, Editorial Temas de Hoy, 1998.
—, *Antología*, Editorial Prensa Española, 1978.
Tono, *Antología*, Editorial Prensa Española, 1978.
Umbral, Francisco, *Ramón y las vanguardias*, Editorial Espasa-Calpe, 1978.
—, *Las palabras de la tribu*, Editorial Planeta, 1994.
Villabella, José M., *Los humoristas*, Editorial Amaika, 1975.
Vizcaíno Casas, Fernando, *Personajes de Entonces*, Editorial Planeta, 1984.

ÍNDICE ONOMÁSTICO

Las cifras en cursiva remiten a las ilustraciones